U0744813

《立雪山房文集》

清　黄蟾桂撰

原書版面高一七七毫米　寬一二二毫米

據汕頭市澄海區博物館藏本影印

## 《潮汕文庫》大型叢書組委會

主　任：顧作義　方健宏　許欽松

副主任：周鎮松　林　濤　陳麗文　方賽妹　羅仰鵬

委　員：許永波　徐義雄　黃奕瑄　邱錦鴻　饒　敏

林　農　劉雨聲　陳荊淮　陳海咏

## 《潮汕文庫》大型叢書編委會

顧　問：饒芃子　曾憲通　陳平原　陳春聲

主　任：顧作義

副主任：羅仰鵬　林倫倫　徐義雄

委　員：（按姓氏音序排列）

陳海忠　陳漢初　陳荊淮　黃　挺　劉洪輝

倪俊明　吴二持

潮汕文庫·文獻系列

潮汕文庫

# 立雪山房文集

（清）黄蟾桂 撰
陳景熙 陳孝徹 整理

暨南大學出版社
JINAN UNIVERSITY PRESS
中國·廣州

圖書在版編目（CIP）數據

立雪山房文集/（清）黄蟾桂撰；陳景熙，陳孝徹整理．—廣州：暨南大學出版社，2016.11
（潮汕文庫．文獻系列）
ISBN 978-7-5668-1741-9

Ⅰ．①立…　Ⅱ．①黄…②陳…③陳…　Ⅲ．①雜著—中國—清代　Ⅳ．①Z429.49

中國版本圖書館CIP數據核字（2016）第010556號

立雪山房文集
LIXUESHANFANG WENJI
（清）黄蟾桂　撰　　陳景熙　陳孝徹　整理

出 版 人：徐義雄
項目統籌：黄聖英
責任編輯：馮　琳　華文傑
責任校對：黄　穎
責任印製：湯慧君　王雅琪

出版發行：暨南大學出版社（510630）
電　　話：總編室（8620）85221601
　　　　　營銷部（8620）85225284　85228291　85228292（郵購）
傳　　真：（8620）85221583（辦公室）　85223774（營銷部）
網　　址：http://www.jnupress.com　http://press.jnu.edu.cn
排　　版：廣州市天河星辰文化發展部照排中心
印　　刷：廣州市新怡彩色印務有限公司
開　　本：787mm×1092mm　1/16
印　　張：28.5
字　　數：554千
版　　次：2016年11月第1版
印　　次：2016年11月第1次
定　　價：80.00圓

（暨大版圖書如有印裝質量問題，請與出版社總編室聯繫調换）

黃蟾桂故居“經元第”（黃桂華攝）

“經元第”門匾（黃桂華攝）

“和溪祖祠”門匾（黃桂華攝）

“鄉賢舊第”門匾（黃桂華攝）

黃蟾桂家廟“和溪祖祠”（黃桂華攝）

黃蟾桂房祖祠“鄉賢舊第”（黃桂華攝）

# 總序

潮汕文化歷千年久遠，底蘊淵深，泱泱廣袤，又伴隨着潮人的遷播而兼收并蓄，獨樹一幟，是中華文明中的重要一脉。

秦漢之前，潮汕囿於海角一隅，與中原殆少來往；自韓愈治潮，興學重教，風氣日開，人文漸著。宋朝文教興盛，前七賢垂範鄉邦；明朝人才輩出，后八賢稱顯於時。明清以來，粤東地區藉毗鄰大海的地理優勢，與域外商貿頻仍，以陶朱端木之業，成中西交匯之勢，造就多元開放的文化格局。饒宗頤等學界巨匠引領風騷，李嘉誠等商海翹楚造福民生，俊采星馳，鬱鬱稱盛。

而今國家穩步發展，蓬勃興盛，潮汕地區憑藉深厚的歷史積澱，務實進取，努力發展傳統文化及其産業，如潮劇、潮樂、潮菜、工夫茶、陶瓷、木雕、刺綉等，保持并革新精巧特色，在世界各地廣泛傳播，備受青睞。更有海外潮人遍布全球，爲經濟文化交流引橋導路，探索共赢模式，拓寬發展空間。

爲促進潮汕文化的傳承與創新，進一步推動潮汕文化『走出去』，在廣東省委宣傳部的大力支持下，海内外學者編寫《潮汕文庫》大型叢書。本叢書包括文獻系列和研究系列，涉及歷史、文學、方言、民俗、曲藝、建築、工藝美術等多方面，囊括影印、箋註、點校、碑銘、圖文集、口述史等多種形式，始終秉承整理、搶救傳統文化的原則，尊重潮汕地區的家學淵源和治學傳統。以一腔丹心，在歷史沿襲中爲文化存證，修舊如舊，求新而不媚俗於新；以一筆質樸，在字斟句酌中爲品質立言，就事論事，求全而不迷失於全；以一紙懇切，在紛擾喧囂中爲細節加冕，群策群力，求深而不盲目於深。惟願以此叢書，提升潮汕文化品位，凝聚海内外潮人，齊心發展，助力騰飛。

在成書過程中，廣東省委宣傳部高度重視，協調汕頭、潮州、揭陽、汕尾市委宣傳部，委託潮汕歷史文化研究中心、韓山師範學院、暨南大學出版社組織編寫與出版。海内外潮學研究專家傾注筆墨，潮汕歷史文獻收藏機構及熱心人士鼎力襄助，更蒙粵東籍一批著名藝術家慷慨捐贈寶貴書畫作品助力出版，在此一并致謝！

《潮汕文庫》大型叢書編委會

二〇一六年七月

# 《立雪山房文集》導讀

陳景熙　陳孝徹

在傳世的清代潮汕地方文獻中，有一部抄本備受歷史學界重視，蔡鴻生教授、陳春聲教授等著名歷史學家都曾援引此書中《晏海渺論》的記載，以稽考清代潮汕地區的社會經濟狀況。這部書就是二十世紀八十年代澄海文史工作者陳孝徹在汕頭市區小公園舊書攤上購得的清代澄海舉人黄蟾桂（一七六三—一八〇九）及其後代的一批遺稿中的殘卷，現藏於汕頭市澄海區博物館的《立雪山房文集》。

澄海區博物館藏《立雪山房文集》扉頁落款為『光緒戊寅笑生録』，卷首目録蓋有二方印章『黄氏季子家銑』和『字先敦號少翼』，卷首收録落款為『道光元年辛巳正月不肖之驥謹狀』的《先考例授文林郎丙午科經元一峰公行狀》和《先考例授文林郎丙午科經元一峰府君年譜》二篇，卷首之後的文集目録頁卷端題名為『立雪山房文集目録　大王父一峰公遺稿　曾孫家銑謹録』。

據上，該本系光緒戊寅年（一八七八）黄蟾桂（號一峰，族名瑞攀）之曾孫黄家銑（字先敦，號少翼，據扉頁落款推測又號笑生）整理謄録黄蟾桂遺稿及道光八年（一八二八）黄蟾桂之子黄之驥所撰行狀、年譜而成的謄清稿本。

值得指出的是，這部遞經黄氏一門數代人撰述、彙集、編録、珍藏的文集書稿，雖幸得傳世，但歷經滄桑已非全璧，稿本目録中的『告文』『啟』『序』『記』『辨』『説』『考』『祭文』『表』『跋』，以及『學準』中『策問』文末、『慶餘堂詰諸同人』等部分，均已佚。而該稿本原文中，卷首的『本傳』、『讚』中的『嗟哉潮州』和『調』中的『霜中能作花』三篇，雖存目於卷端目録，但在内文中或毫無文字，或僅有標題而已。

《立雪山房文集》作者黄蟾桂的家族，是清代潮州府澄海縣上外都鳳嶺鄉（今汕頭市澄海區上華鎮横隴村）的一個世代業儒的下層士紳家族。

黃蟾桂家族的業儒，始於其父黃鼎元（號和溪，族名會玉）。按黃之驥《先考例授文林郎丙午科經元一峰公行狀》：

『先曾祖以上，世力田，有厚德。至先王父諱鼎元，號和溪，為邑增生……晚而嗜學益健，年八十餘猶親課驥等文藝。』

黃蟾桂在嘉慶十一年（一八〇六）丙寅歲曾撰《雙親行誼節略》云：

『家嚴二十三歲遊泮，嗣補增廣生員。乾隆五十三年，由本縣德本學嚴衡詳舉鄉賓。去年本學鄧復奉督撫大憲密舉為鄉黨間秀士耆賓，以善教人，準即送匾優獎。現年八十有七，生平嗜學，晚而不倦。自少家徒壁立，然清節自勵，一毫不苟取於人。性獨好賓客，於同氣友朋，誼尤篤。每晨夕過從，罄所有，杯酒言歡，晏如也。或親鄰貧苦，量力給賙，雖稱貸以與，不稍靳。其處鄉族間，惟務相率以善，相飲以和。偶有彼此口角，輒諄諄勸解，或加以大聲疾呼，不至於兩俱釋然不已。如是者，歷數十年於茲矣，以故宗族奉為耆望。』

可見，黃鼎元是當年潮汕地方社會中的一位鄉族耆宿。

至於黃蟾桂本人，其生卒年按黃之驥《先考例授文林郎丙午科經元一峰公行狀》載：

『先考生於乾隆癸未年（一七六三）三月初九日酉時，終於嘉慶己巳年（一八〇九）八月初九日申時。享年四十有七。』

其生平大略，按《先考例授文林郎丙午科經元一峰公行狀》追述：

『幼穎異，童孺如成人，弱冠補弟子員，再戰棘闈，裒然為壁經舉首。自是名噪郡邑，席皋座者廿餘年，生徒林立。』

據黃之驥《先考例授文林郎丙午科經元一峰府君年譜》記載，黃蟾桂幼從父學，在乾隆四十六年（一七八一）之前，『俱系先王父和溪先生自為課督』；而後從乾隆四十六年（一七八一）至乾隆四十九年（一七八四）間，先後肄業於澄海縣景韓書院、海陽縣舉人黃南濱龍湖私塾和潮州府城韓山書院。

在科舉之途上，按諸《先考例授文林郎丙午科經元一峰府君年譜》，黃蟾桂於乾隆四十三年（一七七八）應童子試而未售，乾隆四十八年（一七八三）中秀才。至於黃氏中舉時間，按《先考例授文林郎丙午科經元一峰府君年譜》及清嘉慶二十年（一八一五）版《澄海縣誌》卷十七選舉表記載，系乾隆五十一年（一七八六）丙午科。此後，黃蟾桂多次進京會試，但終不獲售。

在事業上，從中舉的前一年乾隆五十年（一七八五）至其逝世的嘉慶十四年（一八〇九），黃蟾桂一生以課授童生為業，此即《先考例授文林郎丙午科經元一峰府君年譜》所云：

『乙巳乾隆五十年（一七八五），初授徒梅浦鄒慶堂茂才書屋……蓋先考席皋座者廿餘年，風采首見於此。』

此後的二十四年間，按《先考例授文林郎丙午科經元一峰府君年譜》所載，黃蟾桂先後設帳於『梅浦（今汕頭市澄海區溪南鎮梅浦村）鄒慶堂茂才書屋』、『湖頭市（今汕頭市金平區月浦街道辦事處湖頭社區居委會）家子安國學書屋』『本鄉房祖祠』『郡城（今潮州市湘橋區）家惠亭國學書屋』『樟林』『郡城』『郡西』等處。出於其門下的科舉精英，按黃之驤所撰年譜的統計：

『計先考門下生徒進泮者一百三十餘人，登鄉榜者六人，副魁一人，拔元二人。』

其中，較著名者有清末潮州紳士邱步瓊。

黃蟾桂身後，被澄海縣官方崇祀為『鄉賢』，而其長子嘉慶戊辰（一八〇八）恩科亞元黃之驤後亦被崇祀為『鄉賢』，故黃氏父子在澄海有『父子鄉賢』的美譽。黃氏當年設過私塾的『本鄉房祖祠』的側門上因此鐫有『鄉賢舊第』匾額。不僅如此，據黃氏後人黃訓若先生回憶，在黃蟾桂之後，其子弟、後裔更是湧現出一大批科舉人才，他們大多也『繩其祖武』，與黃蟾桂一樣終身以教書為業。

黃蟾桂的曾孫女黃繡仙，嫁於今汕頭市澄海區溪南鎮下岱美村監生陳武煌。據下岱美村陳氏族譜一九二三年修《世昌堂家乘》頁二三所載黃繡仙傳記，可以窺見黃蟾桂家族世代業儒的盛況：

『媽名繡仙，謚恬熙，覃恩例封正七品孺人，本邑上外都鳳嶺鄉人，邑增生鼎元公元孫女，乾隆丙午科經元崇祀鄉賢蟾桂公曾孫女，嘉慶戊辰科亞元崇祀鄉賢之驤公、道光乙巳恩貢生之駿公胞侄孫女，庠生宗韓公、從科公、景蘇公親侄孫女，儒林郎之駛公孫女，增貢生象乾公、庠生象治公親侄女，光緒戊寅歲貢生象賢公之女，國學象功公、職員象升公、庠生象鵬公胞侄女，庠生家鑣公、廩生家銛公胞妹，庠生家銜公、處士家銑公胞姊，庠生家釗公親姊，庠生家鏞公、家鏵公、廩貢生家銓公堂妹，作猷、迪湛、作楧、龍駒胞姑母，庠生龍文、龍鑾、喬嶽堂姑母。』

據上引黃繡仙傳記，參酌二〇〇二年黃如耀、陳孝徹等編修的黃蟾桂所屬的澄海橫隴村黃氏宗族譜系《橫隴黃氏追遠堂世系》，我們僅梳理黃蟾桂直系家族中可考科舉精英譜系，即可畫出如下譜圖[一]：

---

[一]《立雪山房文集》整理謄錄者黃家銑在族譜中的身份是『處士』，為便於讀者明瞭其所在世系位置，故圖中亦為標出。

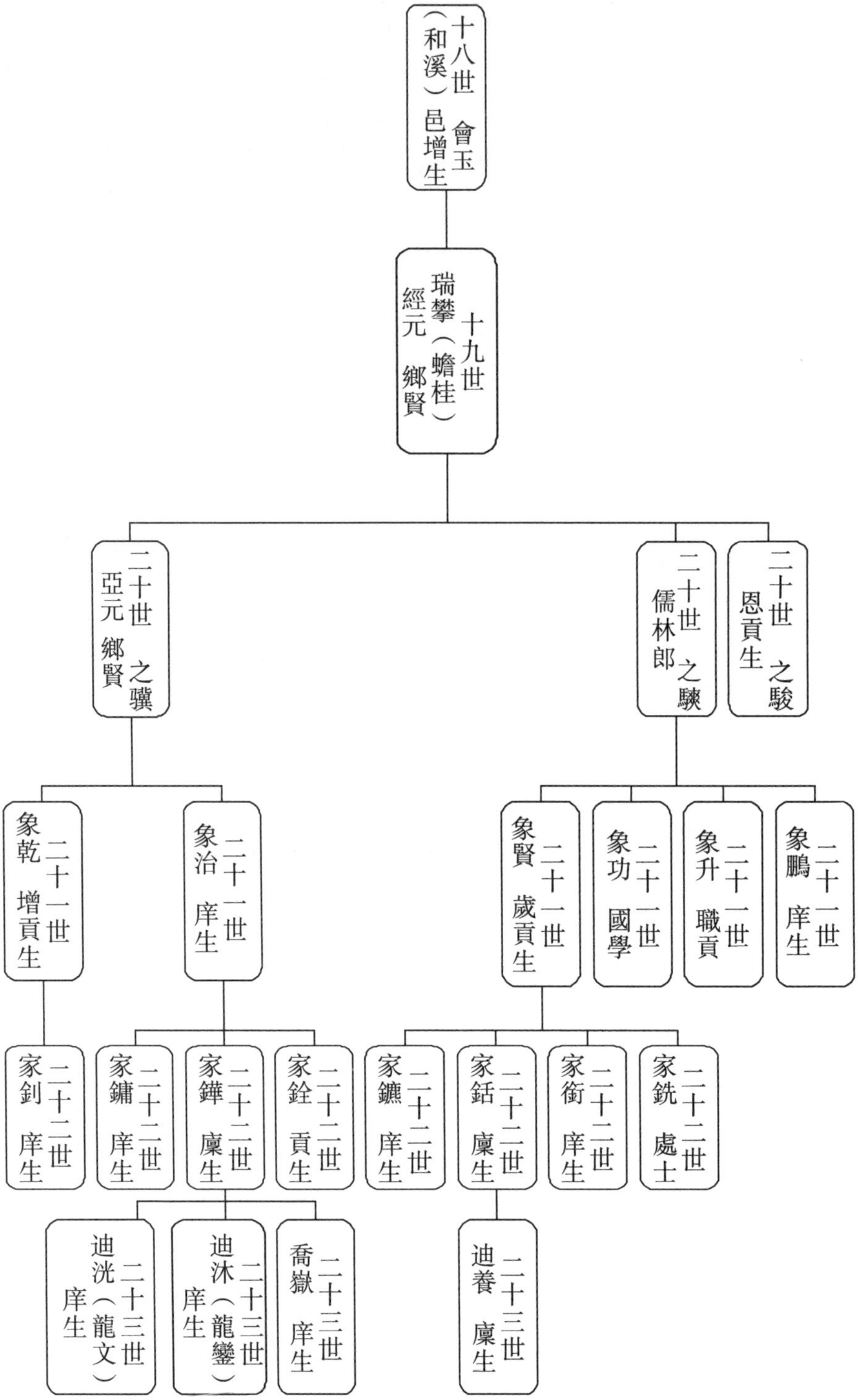


不過，按諸《立雪山房文集》，黃蟾桂之所以能在身後被崇祀為鄉賢，顯然並非僅僅由於其本人終身從事基層教育工作，子孫世代業儒的緣故，而很可能更主要是其身居清寒，積極用事的社會貢獻使然。

黃蟾桂曾撰《自題小照讚》云：

『桐方百尺，氣疏而韻遠，其品高也。石雖一拳，理密而性堅，其介堅貞也。斯何人歟？戴桐之陰，憑石作几，願為古徒，罔顧俗議。噫吁嘻，危乎艱哉！然嘗竊聞古人之言矣：周道如砥，君子所履。早夜思之，夫譏不可以已也。』

如是夫子自道，勾勒出一幅『君子儒』的自畫像。黃之驥《先考例授文林郎丙午科經元一峰公行狀》中另載有黃蟾桂所撰一聯：『立志不隨時俗染，持志務向古人追。』亦具見這位地方紳士的風神志趣。

按張仲禮《中國紳士：關於其在十九世紀中國社會中作用的研究》對於紳士階層的分類：『上層集團由學銜較高以及擁有官職（不論其是否擁有較高的學銜）的紳士組成，而那些通過初級考試的生員、捐監生以及其他一些有較低功名的人都屬於下層集團。』黃蟾桂家族的這些科舉精英，顯然都屬於下層紳士集團。黃氏家族的社會影響，主要在當時當地的地方社會中產生。黃蟾桂本人的歷史舞臺，是清代乾隆嘉慶年間的潮汕地方社會。

就在黃蟾桂出生五年後的乾隆三十三年（一七六八），江南地區曾經爆發了『叫魂案』。研究該歷史現象的美國哈佛大學歷史講座教授孔飛力在其史學名著《叫魂：一七六八年中國妖術大恐慌》中，揭示了乾隆盛世一派升平景象背後官僚體系中暗流湧動的張力，以及社會衝突與社會恐慌，指出官僚體系中一部分自認為『文化傳統當仁不讓的繼承者』的精英，具有某種制約君主專制權力的自信與勇氣。

同一時期，乾嘉年間的潮汕地方社會，一方面由於潮州商人主導的紅頭船海上貿易帶來的繁榮昌盛，該時期的地方社會經濟處於帝制時代本地區社會經濟史中的鼎盛期；另一方面，地方社會秩序中，存在著黃蟾桂之類『與古為徒』的文化精英，認為當時存在『世風不古』的亂象，諸如吏治不修、鬥搶風熾等。

因此，在《立雪山房文集》中，我們能看到，不僅有黃蟾桂作為一位地方文化精英而撰寫的祝文、像讚、調、賦、聯等用於自抒或應酬的文學作品，有他作為一位塾師所訂立的《學準》，有他出於『齊家』目的而制定的《家訓》，以及他析爨分產、營造先塋、救濟服親、清理族產、修葺宗祠、增置烝產等記錄，更有他屢屢以地方紳士身份與地方政府官員交涉的歷史文獻。

黃蟾桂曾作《原人論》一篇，闡述其出於『本分』干預地方政事的『合理性』：

『朝廷設科取士，所以待讀書稽古之人，何為乎？豈徒曰冠服以榮其人之體，祿糈以養其人之軀耶？固將望之以足為世用，使有益於人也。士君子讀書以明其理，稽古以習其事。出則為君國分憂，處則為鄉井造福，無往不可以益人也。大則為德為民，上下之所交倚，小則一官一邑，事物之所受裁，無地不可以益人也。特難為委瑣齷齪之徒道耳。夫君子之於天下事也，權所不屬者，不敢侵其權。若其無侵於權而可利人濟物以為有益於世者，縱使事在難成，而質之理而無愧，問之心而無慚，稽之古人而可告無罪，衡之公道而不犯清議，則皆其在所必為而不容諉為與己無關，徒藉口於事之難成而循循然置之也。」

有趣的是，黃蟾桂的上述自辯，不外乎素其位而行之意；而在黃之驥《先考例授文林郎丙午科經元一峰公行狀》中，則直接指出，乃翁之意，實際上是「合理的侵權」：

「先考因作《原人論》，以為事苟侵官長權而可利人濟物，有益於世，則皆在所必為，不容諉為與己無關，徒藉口於事之難成。」

於是乎，在上述自我認同及價值觀的作用下，黃蟾桂「留心時務，志在經世」。在《先考例授文林郎丙午科經元一峰公行狀》《先考例授文林郎丙午科經元一峰府君年譜》二篇，以及《立雪山房文集》的《書》中，相關事件便歷歷可見。

嘉慶二年（一七九七），「東林楊氏窩盜，鄰里以為患，先考密遣族人夜掩捕其父子，送官責罰」。

嘉慶五年（一八〇〇），鑒於粵東各鄉邑鬥搶風熾，黃蟾桂「集諸紳耆，呈請道憲胡公，設禁約，鄉置族正、副，互相保輯，直與道憲指陳利病，商酌善後事宜。旋因計偕在京，猶郵書敦請道憲安靖地方，為設禁弭花會良法」。

嘉慶十年（一八〇五），「族人有不法數輩，凌虐附居異姓。先考聞之，奉書祖父，請召族人反復諭戒，詞甚嚴切，族人凜遵」。

嘉慶十四年（一八〇九），「族惡黃某等凌虐族人，先考患其素違約束，欲懲厥後，密函請邑侯齊明府拘禁」。

由上述社會實踐來看，黃氏的維持地方社會秩序的理想範式，是以鄉族為基本單位，以地方官員授權下的地方紳士為主導力量，由本鄉本族的治理擴展至鄰近鄉族，乃至於地方社會的治理。因此，黃蟾桂習慣以地方紳士身份，向各級地方官員上書，借此方式實現「為鄉井造福」的抱負。其平生所撰此類呈文中，最為卓著的是被黃之驥評價為「先考經世之略，具見此書」的臨終宏文《晏海渺論》。

《先考例授文林郎丙午科經元一峰府君年譜》介紹《晏海渺論》云：

「嘉慶十四年（一八〇九），總制百大人齡方謀剿撫海匪，先考以海匪披猖由吏治不修、民生不遂，因作《晏海渺論》，並輯錄藍鹿洲書為《平海十策》〔三〕，益以《機論》，合成萬餘言，將獻之，因疾革不果。』

上文所謂的『總制百大人齡方謀剿撫海匪』，據《廣東海防彙覽》，指的是嘉慶十四年（一八〇九）百齡就任兩廣總督以後，採用『因噎廢食』的消極方式應對海寇問題，封海港，並將鹽運方式改海運為陸運。而此舉造成的後果頗為嚴重，商舶不通，海寇上岸覓食，焚劫沿海村落、商船。

在黃蟾桂為向百齡建言獻策而嘔心瀝血撰寫，但百齡卻未能看到的《晏海渺論》中，黃氏向百齡指出，吏治不修故民生日蹙，因此釀成海氛，提醒百齡應當從整肅吏治、關懷民生方面著力，從根本上解決問題。《先考例授文林郎丙午科經元一峰公行狀》對《晏海渺論》述評曰：『大意謂海氛日熾，由民生日蹙；民生日蹙，由吏治日偷。因覼縷積習敝風，與散剿機宜。議論激昂，規劃詳盡。』

在《晏海渺論》本文中，黃蟾桂剴切分析了吏治不修的具體體現：『吏治不修，其要有六，曰：調任不常也，訟獄不平也，賦稅不厘也，學校不振也，用度不節也，緝盜不力也。』並以其所關切的發生於當年潮汕地區的現實案例，如學者屢屢引述的嘉慶十四年（一八〇九）澄海縣商船被海盜焚劫的事件，作為論據支持其論證。

令人感慨的是，在同樣是為呈奉百齡而撰寫，百齡亦未及見的《機論》中，黃蟾桂已經昭然揭示了百齡的消極剿匪政策必將引致的惡果：

『然不先定吾剿之之謀，完吾剿之之備，則所謂先為不可勝以待敵之可勝者，無有也。而第逞其痛憤之氣，遽封港口，舉彼所素恃為財帛衣食之資，盡數收入內地。彼卒然無所得食，而又知吾所以剿之者，其備未完也，奮而起焉，必至深入內地，焚毀劫掠，而沿海居民村莊，其禍轉不可勝言矣！』

綜上，透過《立雪山房文集》，我們可以從一位地方紳士的角度，窺見清代乾嘉年間潮汕地方社會的政治、經濟、文化等方面的歷史面相。本書對於清代潮汕區域社會歷史的研究，確實具有不容忽視的史料價值。

因此，筆者向《潮汕文庫》大型叢書編委會推薦，將該謄清稿本列入《潮汕文庫》大型叢書『文獻系列』，由暨南大學出版社影印梓行。

在出版前的整理工作中，筆者前往黃蟾桂家族的家鄉汕頭市澄海區上華鎮橫隴村采訪黃氏後人，考察黃蟾桂故居

〔三〕稿本目錄、內文中，此篇均名為《防海十論》。

「經元第」、黃之驥故居「亞元第」、家廟「和溪祖祠」、房祖祠「鄉賢舊第」、大宗祠「黃氏宗祠」等古建築，根據此行所收集的資料與《立雪山房文集》原文撰寫此文，以供讀者參閱。

需要指出的是，在整理過程中筆者發現，稿本中的目錄標題與內文各標題存在不盡一致之處。茲特將具體資訊及筆者的審定情況臚列於下表：

| 文體類別 | 稿本目錄標題 | 稿本內文標題 | 本書目錄標題 |
|---|---|---|---|
| 論 | 原人論 | 原人 | 原人論 |
| | 蕭曹魏丙相業論 | 蕭曹魏邴相業論（邴或作丙） | 蕭曹魏邴相業論 |
| 書 | 上新安縣尹李老師書 | 上李老師書 | 上新安縣尹李老師書 |
| | 上邑侯伍老師書 | 上伍老師書 | 上邑侯伍老師書 |
| | 上南澳海防李老師書（附錄） | 上南澳海防李老師書 | 上南澳海防李老師書（附錄）〔一〕 |
| | 又上李老師書 | 上李老師書 | 又上李老師書 |
| | 又上李老師書 | 上李老師書 | 又上李老師書 |
| | 又上李老師書（附錄） | 上李老師書 | 又上李老師書（附錄） |
| | 又上胡觀察論鄉約書 | 上胡觀察論鄉約書 | 又上胡觀察論鄉約書 |
| | 〔二〕 | 又上胡觀察論鄉約書 | 又上胡觀察論鄉約書 |
| | 與同學張茂才克復書 | 與張克復書 | 與同學張茂才克復書 |
| | 又與同學張茂才克復書 | 與克復書 | 又與同學張茂才克復書 |
| | 與邢孝廉敘疇書（附錄） | 與邢孝廉敘疇書 | 與邢孝廉敘疇書（附錄） |
| | 與齊明府書 | 與 | 與齊明府書 |
| | 與友人書（附錄） | 與友人書 | 與友人書（附錄） |
| | 答友人書（附錄） | 答友人書 | 答友人書（附錄） |

〔一〕稿本目錄中，有部分標題下加注「附錄」二小字。由於不明謄錄編輯者的具體用意，本書在目錄中以括弧加注方式予以保留。

〔二〕稿本目錄中漏書此標題。

（續上表）

| 文體類別 | 稿本目錄標題 | 稿本內文標題 | 本書目錄標題 |
|---|---|---|---|
| 書 | 與同年陳義高書（附錄） | 與同年陳義高書 | 與同年陳義高書（附錄） |
| | 與會兄許某書（附錄） | 與會兄許某書 | 與會兄許某書（附錄） |
| | 與東鳳陳某等書（附錄） | 與東鳳陳某等書 | 與東鳳陳某等書（附錄） |
| | 與家朝勉翁書（附錄） | 與家朝勉太翁書 | 與家朝勉翁書（附錄） |
| | 與□〔一〕書（附錄） | 與某書（韓山山長） | 與韓山山長某書（附錄） |
| | 與鄭太史秋皋書（附錄） | 與秋皋鄭太史書 | 與鄭太史秋皋書（附錄） |
| | 與吳生仁愛書（附錄） | 與吳生仁愛書 | 與吳生仁愛書（附錄） |
| | 與會兄曾日省書（附錄） | 與會兄曾日省書 | 與會兄曾日省書（附錄） |
| | 與北門陳姻翁書（附錄） | 與北門陳煙翁書 | 與北門陳姻翁書（附錄） |
| | 與家綿慶書（附錄） | 與家綿慶書 | 與家綿慶書（附錄） |
| | 與□〔二〕（附錄） | 與 | 與某書（附錄） |
| 學準 | 〔三〕 | 再論讀文 | 再論讀文 |
| 立雪山房家訓 | 大宗祠禁規 | 宗祠禁規 | 大宗祠禁規 |
| 節略 | 雙親節略 | 雙親行誼節略（丙寅歲敬述） | 雙親行誼節略（丙寅歲敬述） |

〔一〕稿本原文此處空數字。
〔二〕稿本原文此處空數字。
〔三〕稿本目錄中漏書此標題。

| 文體類別 | 稿本目錄標題 | 稿本內文標題 | 本書目錄標題 |
|---|---|---|---|
| 讚 | 黃太孺人像讚 | 鄒姻翁令祖母黃太孺人像讚 | 鄒姻翁令祖母黃太孺人像讚 |
| | 佘明經像讚 | 佘明經經髗先生像讚 | 佘明經經髗先生像讚 |
| | 曾誼伯某翁暨誼姆某孺人像讚（二則） | 曾誼伯某翁誼姆某孺人像讚 | 曾誼伯某翁暨誼姆某孺人像讚（二則） |
| | 大煙祖張某翁像讚 | 太姻祖張某翁像讚 | 太姻祖張某翁像讚 |
| | 郭翁像讚 | 郭翁小照讚 | 郭翁小照讚 |
| | 家潮翁小照讚 | 獨樹家潮翁小照讚 | 獨樹家潮翁小照讚 |
| | 題欽向、德廣二翁遊春園圖（並序） | 題家欽向、德廣二翁遊春園圖（並序） | 題家欽向、德廣二翁遊春園圖（並序） |
| | 菊影（附） | 菊影 | 菊影（附） |
| 賦 | 神泉觀海賦 | 神泉觀海賦（以「坐見萬里之波濤」為韻） | 神泉觀海賦（以「坐見萬里之波濤」為韻） |
| | 湖山賦 | 湖山賦（以「山色平分兩岸青」為韻） | 湖山賦（以「山色平分兩岸青」為韻） |
| | 工先利器賦（三則） | 工先利器賦（以「百工居肆以成其事」為韻） | 工先利器賦（以「百工居肆以成其事」為韻 三則） |
| | 碧海掣鯨賦（二則） | 碧海掣鯨魚賦（以題為韻） | 碧海掣鯨賦（以題為韻 二則） |
| | 九曜石賦 | 九曜石賦（以題為韻） | 九曜石賦（以題為韻） |
| | 擬張衡周天大象賦 | 擬張衡周天大象賦（不限韻 關學臺月課） | 擬張衡周天大象賦（不限韻 關學臺月課） |

歲月不居，沉珠現世。感謝有關方面的鼎力支持，《立雪山房文集》終於在黃蟾桂逝世二百餘年後、黃家銑謄錄一百三十餘年後、陳孝徹徵集三十多年後，化身千萬以嘉惠學林。而現藏於澄海區博物館中的黃氏遺稿，尚有黃蟾桂的《立雪山房詩集》《月堂文稿》《詩說纂要》《立雪山房試帖彙集》等書稿，以及黃蟾桂後裔的零散文稿。我們得隴望蜀，期望著在有關方面的賡續支持之下，將該家族的上述文獻陸續整理面世，以饗師友。

# 目錄

學準

光緒戊寅賤生錄

# 立雪山房文集卷首目録

# 先考例贈文林郎丙午科經元一峰公行狀

先考諱燈桂號月東又號一峰陸海風嶺鄉人○先曾祖以上○世力田○有厚德○至先王父諱鼎元○號和溪○秀才增生○性廉○猶一毫不苟取於人○嫉惡若仇○頗獨喜客好施○有貸其○罄所有持贈○無吝色○善與人排難解紛○里閭矜耆推之○晚而嗜學益健○年八十餘○猶親課驥菁文藝○與王母許太孺人齊眉耄耋○生三子○長道彬、次道模、先考居季也○幼穎異○童孺如成人○弱冠補弟子員○再戰棘闈○襄然為經魁首○自是名噪郡邑○席皋比座廿餘年○生徒林立○視如子弟○授業時、口講指畫○窮晷罔擬○至規程嚴密○同學輩、初或憚之○然卒賴以成就○其後相接○肩相摩也○尤懇懇以器識訓戒○語吾輩讀書○端品為先○一切風流放蕩陋習○俱戒踐履○不能自拔○縱舉業擅場○抑末耳○居常持此論繩人○以故士稍疏防檢○勿敢入其門○而其性行剛方直亮○深嫉末俗浮靡○岸然以志於聖賢○厲虛陋○敦氣誼○嘗自作一聯○云立志不隨時俗染○持身務向古人追○丰裁峻整○士共論知與不知○咸謂然歸重○先考既以文章品重○揚令名○顯厥親○猶念王父母齒高○冀博一第娛晚景○然每當遠行○倍覺喜懼縈心○時時形諸詞語○辛巳留京○亟禱於神前○願減己齡為

親益泰。不肖至今展讀遺文。未嘗不潸潸下。感念先考至

性也。兩伯父謹愿力田農。先考敦愛尤加和。此程詩中所云

親老身猶健。兄勞我亦憂。云語質而旨真。蓋可見矣。嗣因居宅

迫窄。不得已與伯父析爨。先考賠以美田宅歸之。而自敗宿負

向。手援苦辭甘。陳畏溪先生所畫賢以古人風者也。旁及服親

。矜孤恤寡。強之抑。弱之扶。人至今舉思不置。復尊大宗

小宗恢丞業。寢豐祭物。妥先神。後殫心經營。當易簀時。正

在葺新祠宇。不明之嗟。而先考已溘然逝也。嗚呼痛哉。考

人淡泊明志。世味紛華所忽。惟不得過娛。未嘗一日暫廢。少聰

敏特甚。加以先王父課督綦嚴。寄宰量。博通六經。比長益刻厲。於書靡所不讀。尤深博覽前史。每讀論古人善惡成敗事。娓娓不厭。鬚眉俱動。為詩文、操紙筆立就。風發而泉湧。殘膏剩馥。沾丐多人。故笥中藏稿甚富。殊先考所期甚遠。雅不欲以文詞自多。留心時務。志在經世。嘗憫各鄉邑鬥搶風熾。集謝紳耆。呈請道憲胡公設禁約。鄉置族正副。互相保辦。函與道憲指陳利病。商酌善後事宜。道憲深加器重。手書贈以當肩不肩孫肩天下事讀書深見古人心聯語。樞遂題議施行。澆風由此漸戢。旋因計偕在京。猶郵書敦請道憲安請地方。為設禁班賭會良法。道憲悉嘉納之。方先考之設行鄉約也。郡人有迂其事而能干己。因阻而遂勞者。先考因作原人論。中引范希文作秀才時。便以天下為己任。及武侯鞠躬盡瘁。成敗非所逆覩之語。以為事苟侵官長權而可利人濟物。其益於世。則皆在所必為。不容諉為與己無關。徒藉口於事之難成。夫其所為而必欲其成也。君子之志。有所為而不敢必其成也。君子之心。不敢必其成而可為則為。終不敢逆料其難成而不為也。君子之所以獨行其志。而自盡其心。蓋先考一言一行動慕古人。其於地方利病。則尤關切激發。不顧自己勞瘁也。己巳夏、值總嘗學習洋匯。先考抽暇作晏海眇論。又輯錄藍鹿洲書序平海十策。附以機論。合成剩餘言。將欲備採擇。大令。語海氛日熾。由民生日蹙。民生日蹙。由吏治日偷。因覼縷積習敝風。與撤勵機宜。論議激昂。規畫詳長。先考經世之略。具見此書。書甫成。而先考遽歿。竟不果上。嗚呼痛哉。先考足不履公庭。凡人情世故。了不解揣摩周旋為何物。家綦貧。而性尤介。視分外之物。浮雲視之。癸亥設帳樟林。富豪某、挾潤筆厚資。托知交懇作壽文。先考惡其修篤。將由惡終。峻拒之。知交不懌。退有後言。先考固頑也。居郡邸時。右間有以苞苴且枕詩託坳。率堅卻不納。茲視舊著於務勤。其於急難若死喪大故。義無可辭者。則銳身自任。不避煩難。嘗館郡北宗惠亭先生處。值其家外遘禍。父子竄匿他方。厥後外攘内安。先考與有力焉。海昌孝廉曾滕峻先生澍暨孝廉家冠西先生前後卒於京邸。先考俱為經紀其喪。被衾斂含。躬視無畏。後璩全助扶其櫬。俾得歸里。人以是重先考義高不可及也。平居蘊義生風。遇不平輒形於色。終未嘗與人搆釁。南洋余某者。有別園與族姓接壤。崩塌再深。慮見侵奪。屢出衡言布嚇。先考若為抑悶也。後釐界已定。知先考初無佔意。乃大慚服。餽遺報謝。屢致殷勤。公亦不以為意也。其秉心仁厚。

不啻已甚。往往見於處鄉鄰族黨之間。東林楊某窩盜。四鄰患之。先考密遣族人夜掩其巢。捕某父子。送官責懲。盜夥遂散。後數月。某知悔。使其妻哀求。先考爲請官釋之。卒爲良民。族棍某等。數相抗逮族規。先考含容不校。已而見其怙强凌弱。將懲厥後。密函請當道拘禁究。時邑宰齊公雅重先考。屢爲干謁。乃刻爲拘禁。親友或勸補狀。重以罪名。先考終不忍也。押禁四十餘日。睦該棍黨緣伸脫。自是不敢復肆冬。先考治家嚴。訓子孝森肅。一門內兩昆及諸子孫十餘輩。匪耕則讀。罔染毫紈習。翼翼怡怡。肅將先考身教。先妣張孺人尤敬戒無違。勤於內職。助先考善事舅姑。先母承志得其歡心。處姊姒無間言。年幾踰艾而卒。王父母皆痛悼之。先考感遺像詩云。多情惟紡績。至性在翁婦。實錄也。蓋先考之戒於家者又如此。竊念驥甚不肖。頗知自愛。方七年。先考授當歲。每晨夕趨庭。式可仰希文章品望於萬一。何意剛方直亮之範。未及艾而一旦見背。音容已杳。撫櫬徒存。驥獨何心。孰不然乎。已已遘變。吁天搶地。實應遑收淚揮毫。嗣後屢形追述。輒復悲愴絕筆。今乘範永歲十餘稔矣。誠懼久而就湮。則不肖之罪滋大。用綜概梗概。以備闡揚。且藉之家乘。俾我後昆世世祇遹而不肖男驥等。泣涕長奉行狀。以親謦欬。庶不至因孤陋。以貽先考羞於九京也乎。先考生於乾隆癸未年。三月初九日巳時。卒於嘉慶己巳年。八月初九日申時。享年四十有七。元配先妣孺人張氏。里美耆賓張諱伯寬公次女。先卒。繼配孺人劉氏。海邑溪口鄉人。子三。長之驥。嘉慶戊辰恩科亞元。張孺人出。娶陳氏。邑城庠生諱世彰公少女。次之驤業儒。劉孺人出。娶陳氏。蔡氏。龍田鄉清遠縣學訓導。乙卯科舉人。諱鐘英公次女。少之驂。邑庠生。亦劉孺人出。娶蔡氏。邑城例授縣主簿諱日亮公孫女。郡庠生諱文欽公。嘉慶丙子科副貢生諱文謙公胞妹女。女一。張孺人出。適同邑庠生陳諱峻魁公長男庭碁。孫三。長體仁、之驥出。次依仁、之騤出。三周仁、之駿出。俱幼業儒未聘。餘未及艾。時道光元年辛巳正月不肖之驥謹狀。

先考例授文林郎丙午科經元一峰府君年譜

戊戌乾隆四十三年先考年十六三應童子試督學李諱調元先生試題遇丈人以杖荷蓧先考按卷李面加圈点評云秀色可餐問先考云爾少小年紀便能做秀才耶先考答云是才出便可做李云才不同是文才有人才有錢財爾是何才先考自指其腹云有文才李大笑後不果錄

辛丑乾隆四十六年同邑孝廉陳禹溪先生主講景德書院先考往受業以前俱係先王父母和溪先生自爲課讀執贄後前席請云頑先生嚴主規程許先生每後見先考勤敏有加乃大獎异

壬寅 乾隆四十七年海邑孝廉家蒔濱先生設帳龍湖先考往受

業日抄夜誦率終夜不寢恐合下餐飯於上餐炊之隙以炊

飯妨工也蒔濱先生恆囑使夜深宜睡以保其身重違先生 達

每眠篝燈默誦不使先生聞焉益勤苦已極而精神反加氣

體無損同窗輩咸為欽肯同人 是年親迎先妣張氏

癸卯 乾隆四十八年仍從南濱先生受業三月進泮督學史卓峰

先生試題昔者所進及正己而不求於人翁出攜蒔濱先

生覽其文決以必售榜發果於八月鄉闈出柳 先生房

薦而不售

甲辰乾隆四十九年肄業緯山書院晝夜勤誦如在乳湖時每大伯父為先考負米至院時院中人竊竊勸囑先考保身勿過苦先考自若也

考

乙巳乾隆五十年旋授徒梅浦鄒慶堂茂才書屋立則規程歷密以課己者課人復以課人者課己晨夕研摩寒暑罔輟蓋先考畢席皋摩者廿餘年丰采首見於此識者知其足為經師人師矣　其處法立六規一端品二立志三虛心四循習五考課六全交設五禁〻歷僻禁閒遊禁閑縣門禁聚談禁崇飲每日三講每月五課至書程以治經為先

次則古詩戰國策古文時文試帖有要不偏另條不紊口講指畫不辭勞瘁尤善斧削課藝塗竄敏捷評隲詳明

丙午乾隆五十一年仍從遊梅浦八月鄉闈出山右李諱大根先生房以壁經首薦典試蔡蘭岩先生鮑論山先生兩得先考卷擬元三日嗣易置第三　先考將赴科時以文呈於濱先生先生嘆爲羽毛豐滿定當奮翮沖霄比赴科途次染疾屆期力疾入闈而文氣健旺由於揣摩已熟故也　十月不肖長男之驥生

丁未乾隆五十二年計偕入京出鮑論山先生房薦而不售薦卷

首藝鐫侍　是科偕晉京者為同邑王諱聯壺先生同年陳諱超先生王為邑前輩途次往往使酒津口虐先考以年少負氣然殊容忍不校　時卿東河師任南澳海防同知雅愛重先考京旋設延至澳塾欣聚累日為題畫冊八圖古樹詩百二十家墨卷錄均見嘉賞

戊申乾隆五十三年仍授徒梅浦是年與族人商復祖業土名鄉外弓袋坪湖同鄉劉姓誣頌先考不得已訴於官　撥鄉墨三篇

己酉乾隆五十四年授徒湖頭市家子安為國學壺歷門生十餘

人多俊茂坊　撰乡墨三篇　十月女凤金凤生

庚戌　乾隆五十五年授徒湖头市　撰会墨三篇

辛亥　乾隆五十六年授徒湖头市

壬子　乾隆五十七年授徒本乡房祖祠　撰乡墨三篇同邑陈

商山孝廉赞为学业并优之作

癸丑　乾隆五十八年计偕入京闱后以文呈鲍论山先生决其可售

竟被放　有此程记言诗一卷鲍先生赞为才情卓荦佳

句点络绎时来　京旋至百嘉村同舟饶邑陈丹嵩先

生病卒先考为经纪其丧作诗四首哭之

甲寅乾隆五十九年授徒本鄉房祖祠　二月先妣張孺人病

先考哭之慟作悼亡詩三十絕蓋孺人與先考鴻案相賓

敬戒業逮於先考深致痛焉　擬鄉墨四篇

乙卯乾隆六十年授徒郡城家惠亭國學壺庭門生廿餘人

是歲大飢觀察胡公太守景公赫公廣施賑恤先考為

作紀賑詩待刻　擬鄉墨五篇　擬會墨一篇付梓

繼娶孺人劉氏

丙辰嘉慶元年授徒郡城　擬會墨一篇李諱大根師嘆為規

模宏整詞意精湛　是歲督学恭按臨迎祖父至郡

斋次遊北界日

丁巳嘉慶二年授徒郡城　歲多水災先考作紀水詩深慨海濱作鹵田為厲　東林楊某窩盜鄰里以為患先考密遣族人夜掩捕其父子送官責禁數月某知悔使其妻哀求先考請官釋之卒為良民　五月次男之驥生

戊午嘉慶三年授徒郡城　值惠亭國學令外構禍父子竄匿他方厥後内安外攘卒底於平先考与有力焉　撰鄉墨三篇付梓　大埔饒太史慶捷掌教韓山名教狼藉先考作討鄭大檄斥之

己未嘉慶四年授徒郡城
庚申嘉慶五年授徒郡城　海邑各鄉鬥搶風熾先考處於
憫之作同志呈詩觀察胡公鄉居立設立約正副正與
胡公商確可宜其數四觀察輒照議施行深器重先考
親書贈以當局能扃天下可讀書深見古人心聯語郡人爲
議其可能干已遠勞因功其先考作原人論闡之　擬鄉墨
三篇　四月季男之駿生　及門楊邑徐生先甲登副車
辛酉嘉慶六年計偕入京闈後以文呈絕論山先生決其必售詎此
卷在江浙中亦不可多得竟被放嗣因論山師及往京諸友

劝留赴明年壬戌会试顾念双、亲年高眼穿不已手祝文
拜祷正阳门关帝君愿减己龄为双亲益寿身在京
邸而白云亲舍萦绕心曲六月二日感念圣人不远游之
京排徊朱注去親遠遊四语拈成四律留京向二载日以温
诵经史为事与海邑曾讳腾蛟揭邑杨讳芝三寿庭共
立诗课凡作试帖二千五百九十六首二寿庭日以诗就正
评隲指示若明师焉　又有壮程记言一本卷亦呈政
论山师课见称许　是岁门生进泮者多至十余人
壬戌嘉庆七年会试出邱讳勉斋师房评为衡华佩实卓絕

大宗苏之總裁熊大人諱枚已中式矣榜發更被黜卻吏師孫唐扼腕蓋此科總裁四人因論題不合各以其意分取熊大人所取独多四月初三日被旨出闈總制直隸他總裁因就所取者隨手抽減以敷前先考卷不幸即在所抽中也　四月同鄉海鹽曾諱鱗峻先生卒於京邸一切棺衾斂含殮全扶櫬歸里皆先考力也　七月抵家因京邸過儉積受途間又挾暑氣息肩數日即發病後益瘁倉猝自此氣體虛熱比前大不同矣　歲杪與余陳二姓釐定崩後再浮粮坦族人孫子此恐先考與人均分

不佔便宜違言先考不預也　是歲猛宗弟男之驥入邑泮

癸亥嘉慶八年授徒樟林蓋例授州司馬吳其翁聘之也　八月

王母腦後發癭痛苦常異常先考晨夕扶持急切調

治疾愈乃抵家　富豪林某托知交懇先交考序作

壽文先考惡其侈蕩卻之固強不可

甲子嘉慶九年授徒樟林　正月九日祝先妣張孺人像並感作詩

一首語皆實錄　六月猛宗弟男之驥偕赴省試先考

手書敦行約囑皆小心要己厚意待人格言　及門邱

生步瓊登鄉榜　撰鄉墨四篇

乙丑嘉慶十年授徒郡城门生三十餘人　是歲安葬曾祖母先考独力成葬事並為祖父母預營壽域因居宅迫窄不得已与两伯父析爨先考悉以美田宅归之自賠宿負數百陳禹溪師函嘆為古人風　四月族人有不法者輩凌虐附居異姓先考闻之奉書祖父請召族人反覆諭戒詞甚厲旨族人凜遵　十月姪景蘇進泮　十一月姪景蘇男之驥同日親迎先考暇時手書粘壁示以渴若士保精神以保本業宜謹財用而高志全二語祖父頻頻嘆美之

丙寅嘉慶十一年授徒郡城　十月述祖父母行誼節略請大
埔張諱對墀先生作壽言七律十二首先考以未愜心
更命門壻邱瑤林孝廉作壽文并莊寫爲十二幅
幅　姪從科是冬試得府榜首
丁卯嘉慶十二年授徒郡城門生進泮者十餘人計先考門下
生徒進泮者一百三十餘人登鄉榜者六人副魁一人
拔元二人　十一月擕渡晉京念祖父母年益高頗慮
躊茹獼函召　驎　訓誨者數四蓋以承歡爲囑驎留心也出
門登舟時洒泣展拜知孫妹金鐘茂才諳醫理助禱

諄以二老垂托反復丁寧涕不可止　擬鄉墨三篇

戊辰
嘉慶十三年計偕入京閱從大埔楊北海中丞秋臣文爲
巨擘天揚亮落而不售　三月初六日同年潮陽肅蓮
峰家先生卒於京邸病革時以大考囑曰敢以骨具相
累比殁先考躬爲置棺衾親歛含殮全助其櫬归里
一如辛酉年侍曾孝廉可　男之驥是秋登鄉榜
女金凤是冬遣嫁　撰鄉墨三篇付梓

己巳
嘉慶十四年授徒邸西　六月族惡黄某等凌虐族人先考患
其毒遠約束彩繼厥從密函請邑侯簡明府拘禁或劝補

狀亦之先考卒不忍拘四十餘日棺厝寓緣私脱後不敢肆
矣繼將百大人 齡 方謀勸捐海匯先考以海匯被禍由吏
治不修民生不遂因作晏海瞰論并釋録藍鹿洲書為
平海十策益以議論合成若干言將獻之因疾革不果 大宗祠
宇閲歲百餘頗殘漏先考因十餘年來竭力經營已為增置
祭田若干畝且出餘貲在遂鳩工新之疾革時工尚未竣也也
先考自壬戌京旋得病後氣虚体空屡服熱劑補劑七月廿
六日在省感冒風邪服藥未效 八月初四日回家延醫妄投
參茸補劑病遂劇竟於八月初九日申時棄世嗚呼痛哉

# 立雪山房文集目錄　大王父一隙公遺稿

孫家銑謹錄

## 論



## 書

告文

## 啟



## 序

家宰翁壽序

家經緯先生壽序

鍾璇翁寿序

曹太君寿序

林文補翁補寿序

陈宜人寿序

林成瑞翁寿序

張明經寿序

許明經暨元配某宜人双寿序

## 记

# 祭文

祭文昌帝君祝文

進泮祭祖祝文（代婿）

親迎祭祖祝文

瀏陽家明經某先生祭文

瀏陽周某翁祭文

祭某翁文

祭孺人文

祭太君文（節婦）

巢窩匾跋

耕雲匾跋

定和匾跋

養素匾跋

心田匾跋

柳畬匾跋

柴佳堂跋

課餘堂跋

學海堂跋

學準

賡餘生語諸同人

立雪山房家訓

家規

莉行切囑

筆示兒書

戒諭族人

北程鄉諭

大宗祠禁規

節略

双親節畧

## 祝文

辛丑留京禱關帝君祝文

壬戌家中禱天地祝文

丙寅禱仙師祝文

## 讚

文昌帝君像讚并序

魁君像讚

關帝君像讚并序

黃太孺人像讚

余明經像讚

曾巨傑令尊令堂像讚二則

家惟香翁暨洪太君像讚二則

家惟鳴翁暨羅太君像讚二則

家尉西同年令尊令堂像讚

家尉西同年像讚

家法銓令祖父母像讚二則

明社令尊令堂像讚二則

曾祖伯某翁暨祖姆某孺人像讚二則

大烟祖張某翁像讚

陳太孺人像讚

年伯陳某翁像讚

蔡孺人像讚

沈烟翁像讚

曾綿治像讚

表兄足翁像讚

某翁暨某孺人像讚

某翁像讚

某翁像讚

某孺人像讚

某孺人像讚

某翁像讚

某翁像讚

某翁像讚

某孺人像讚

某孺人像讚

某翁像讚

郭翁小照讚

家彬翁小照讚

揭陽某翁小照讚

家惠亭翁小照讚

林丹崖令尊小照讚

張宗理令祖小照讚

家法庚翁小照讚

周允文令尊小照讚并序

## 詞

# 賦

# 晏海渺論

國家累洽重熙。太平百六十餘年矣。

聖主當陽。燕祥愷惻。其仁如天。周浹旁皇。無遠弗屆。天下事豈復有當言者。而況於海濱僻壤。至愚極陋之一介生書生乎哉。惟是至化已洽於九州。而疲俗自棄於一隅。則未嘗不太息於廣東。而尤傷心於潮郡也。方今廣東之患。群謂海氛潮郡之風。傲於械鬭。此顯然所共見者也。其間強淩弱。衆暴之寡。白晝擄人。勒金取贖。黑夜焚劫。到處皆仇。可恨可痛。害不忍言。而桂之愚竊以為凡病之來也。皆有其所自起之処。

不從其所自起者徹底治之。縱使彌縫補苴。苟幸無事。而其病終不能已。敢即以潮州一郡論之。病之所自起何吏也。吏治之不修而已矣。吏治之不修。其要有六。曰任不常也。訟獄不平也。賦稅不釐也。學校不振也。用度不節也。緝盜不力也。親民之官。莫如縣令。其間重農、勸士、養老、興學、聽訟、收徵、救荒、除盜、一切應行諸政。非得清勤之官。慈惠之長。久於其任。悉心殫慮。從容而展布之。不足見其才而使之實著於用也。任至數年。日月積而士風土無不周知。人情可以盡悉。日與百里內之蒼赤。痛癢相關。情意相接。官民之際。

歡若一家○四境起神君之頌○婦孺習賢侯之教○淳風有不起和○漢之地節○唐之貞觀○明之洪武宣德○吏治蒸蒸○休風可紀○至有任滿陞遷○邑民不忍離去○攀轅號泣○走闕乞留○朝廷俯循徇民隱○加其秩而仍其任○前史所載○彰彰然也○二十年來○潮郡諸邑長○有一年而一再易矣○且一年而三四易矣○為縣令者○自顧所任○到無幾時○遇若傳舍○惟是依例陋規○有可得之利○則取之已耳○至於一切應行諸政○何苦自疲精力○代前後人經畫爲○即有志清勤之官○不憚悉心與為籌經畫○然事未立至而任已遷○終歸無補○夫是以案牘則互相委積○貨賂則競事張

之羅案牘積、則民事日以紛。貨賂張、則民情日以擾。斯必然之勢也。且一官到任。服食器用。供億繁侈。皆從民脂膏。科派以充其數。數年而一易。仁人猶不忍也。一年而數易。民力其何堪乎。朝廷設司牧之官。最注其能愛民加。民力不堪。則叢奸滋弊。民風遂漸不古。又必然之勢也。此調任不常。吏治所由不修者一也。若夫慎於擇人。勿為巧宦夤緣之貪官所惑。徇其久任。以致朘民益甚。則又調任不常外。所宜審為之防耳。

獄者萬民之命。所以禁暴止邪。養育群生也。

朝廷精定之律例。使官府奉以為治。小民遵以為法。循而行之。何不平之有。乃近來為縣令者。獄訟何紛然也。故告收詞。不論情實大小。只揣其可得利不得利以為准不准。無利可得者。雖大冤苦。不為准理。即准焉。而曠日持久。不為理也。即理焉而胥緣行賄。仍必以利也。否則、遲擱之羈錮之。差役不為稟到。官府不與牌示。重以胥吏押勒之擾。訟棍攛弄其間。見官無期。歸家不得。摯髓敲骨。失業廢時。真蘇東坡所謂大小之事。非金錢無以行之者。此猶可曰有訟之家自取之也。若其僵桃而代以李。移甲而波及乙。或因訟者貧甚。多方以鉤致其親鄰。或因路斃死尸。藉端而株蔓其鄉族。或名保同而陷

其族姓以就之。或字近似而疑其音以入之。本無告發緣（差）票
而振行。并或影响。逐文致以嚇勒。種種弊竇。視百姓若仇雠。
不知
朝廷子惠元元。以億萬赤子付之縣令之手。原望其父母而噢
咻之。何忍於鼠牙雀角間。胥戕而胥虐也。至於事関械鬬者。
初起時不過微瑕小忿。本易消塞。乃若輩不知也。而置之。直
令鬬之甚而致傷人命。然後張皇羅名。取千取萬。因之飽其
所欲。所欲既飽。則掩其實情。另造口語。眞兇無事。買代擬
償。遇空詳報。以存厥案而已。十數年來。郡屬命案。何啻數

百。其懸而未結者。正恐不止十之七八。如是以為令長。亦何人不可為也。而民安心安得服。民志安得畏。民風安得靜乎。此獄訟不平。吏治所由不修者二也。若夫羈禁之所。或曰外監。或曰班房。或曰大館。或曰西倉。或曰土地祠。不一其處。務肆其虐。案既積而不以時結。犯遂滿而無地可容。此又獄訟不平中一大弊事。不可不亟為掃擋者也。普天之下。莫非王土。率土之濱。莫非王臣。民則賦稅之制。非獨勢分然也。孟子曰、治於人者食人。治人者食於人。天下之通義也。唐虞遠矣。賦法未詳。三代以來。各有成規。原其立法取民之意。皆寓撫字於催科之中。為天子養民也。非以供官吏之侵民。

本朝以時徵收。因地輕重。務使上足供國用。而下不竭民財。至寬至仁。遠超近世。謹按定例。於上則、麥地、墲坪、池塘、各項。計畝定額。猶憶童稚時。見鄉民赴官輸納。每兩不過銅錢一千一二百文。數十年來。漸而一千三四百文矣。漸而一千五六百文矣。今且一千七八百文矣。或至二千餘文矣。其中大耗日增。秤頭日增。此外房有礼。差有飯禮。年例有禮。名目紛起。科斂繁多。其有粟米之户。任意折色。倍加無已。亦稱是焉。桂愚不能盡知官府事例。然既由漸而加。竊以謂朝廷定例法。未有如此矣。事既積重。民逾積玩。兼以鄉族一二桀黠。串通戶胥圖役。包收侵蝕。欺官賣法。致有不輸已清於民戶。欠名猶掛於徵冊。即在實欠之家。各有戶藉。而官不知檢。吏緣為奸。或因公戶予攤及私戶。或因私戶而網及公戶。差票四出。雞犬不寧。令人憶韓昌黎許郢州之言也。曰、財已竭而斂不休。人已窮而賦已急。其不去為盜也幸矣。而茲且未已。官自下鄉。無論男女老幼。概行拘係。雖其以錢來贖。間有激出民變。則辦以抗官拒捕。會營督拿。如狼如虎。焚劫一空。又或就其鄉中事外秀才。移詳斥革。雖素謹厚。每不能

免○又或就考試之時期○混行拘押○差得其欲始与釋放○其究
也○鄉民不敢入城○從前大縣録名文童不下三四千人○近來
不過一千數百人○爲此故也○此賦稅不釐吏治所由不修者
三也○若夫城門関口○雖亡國課所在○照應稅者自有定額○且
一以通商人○一以識奸匿○
朝廷良法○具有精意○今則行李往来○概行搜索○藉詰奸之名○奪
小民之利○如城門擔頭錢之號○入固有餉○出亦欲錢○乃至附
近鄉窮○入城買米○僅三二斗○亦須有錢○否則剟其袋而米
散於地○小民亡錢○失米○涕泣而歸○此非惟

聖天子深居九重。無從悉其情狀。即地方官亦爲奸吏所欺。曾不

之知而莫爲知禁焉。此又賦稅不釐之間所宜并嚴存嚴飭

者也。學校者人材所自出。必各方各隅之中。先時有所振育。

斯在朝在官之際。他日有所建明。而鄉黨中向知所敬愛焉。

澆風亦由是不作。夫父兄之教不先。則子弟之率不謹。此豈

可徒責之地方官乎哉。然而家人之訓誨。必賴官長之微權。

苟地方官不以爲意。善不必賞。不肖不必罰。賢愚一視。良莠

不分。則父兄即教以讀書。督以爲善。彼子弟且以爲讀

書而易受罪名。讀書其何用乎。爲善而難保身家。爲善徒

自苦耳。以是則父兄之教不行。而風俗人心之禍。胥由此來矣。民者至愚。而不可以空言動。如若其無待督責。自能讀書爲善。超然流俗之外。鄉黨中能有幾人。然則學校之振。地方官不得辭其責矣。而竟不以爲意。亦何也。礼義廉恥之防。既無實心以爲整飭。簿書錢穀之内。且或有隱附以生其憂勞。豈無書院以養之。而因循故事。師非其人。不能以身率也。亦有歲科以試之。而奉行具文。取非其實。不鬻案首者希矣。其有身列膠庠。而詞訟在官。者敢於循法舞弊。固宜嚴加究懲。其或情事真事小。或案外被誣。無故受枉。

自應分別看識釋。全其體貌。今則一概鉤押。亂其吞視於蠹胥之口。係果於奸役之手。低首下心。神志喪失。甚至紳衿稟送爛崽。不就爛崽輕重懲治。竟將紳衿与爛崽並跪公堂。反覆對詰。不幸遇爛崽狡猾。急智横生。口辯鋒出。反使紳衿理屈於詞。由是緩出公門。而爛崽之毒肆。紳衿之氣揖。從此釀積。遂致爛崽把持鄉族。紳衿莫敢誰何。馴至械鬬禍起。爛崽從中科派取利。而紳衿身受罪名。嗚呼慘矣。此學校不振。吏治所由不修者四也。若夫師儒教職。專專司學校。而荊棘起於衣冠。持籌不減市井。課士之方。渺無所有。惟是歲科兩試○多勸新進印金○不惟視眈眈而欲逐逐也○惡聲厲色○待若囚犯○以師徒之地○而鄙陋若此○刑辱若此○又何怪地方官之胥役目無紳士乎哉○此又學校不振之間○所宜通行申飭者也○朝廷設官○隨其大小皆有俸祿○以養廉也○居官者必服食有度○諸所費用○務省嗇而出之○然後囊橐從寬○得清其心於治民之間○而無所用其貪婪侵漁之計○故曰儉以助廉○昔仇然為太守○有一令進見○公話之暇○問及其日食云何○令對曰、早一肉○晚蔬菜○太守驚曰○吾為太守○非數日未嘗有肉○爾為一令○所得幾何○而日日有肉乎○定非廉士○遂揭去其官○夫令也而自僅得肉一肉。遂以非廉去官。今之為令者。寧但此乎而已乎。每一到任。親眷僕從。不下數十人。而為其僕從者。以次隨侍。又各置僕從。合之刑名錢穀書稟簽押等幕友。及其各僕從。下逮廚房買辦水火夫等。一署以內。不啻二百餘人。少者百餘人。極少者亦必百人。口指既多。服食不計。海錯山珍。杯盤狼藉。非尋常之朝饔夕飧也。鮮衣華飾。炫煌麗都。非尋常之夏葛冬裘也。諸所器具。一切視此。日以百金計。月以千金計。誠不識其費何自來也。由是而奢靡風行。始則近官之胥役效之。繼而境內之士民效之。習俗遂不可解。財產物力。夫何得不蹶。不特此也。民間祈賽社神。此不過古人擊土鼓。報土功。与夫迎貓迎虎遺体耳。因地合醵。本無関於礼教。且當禁其傷財。乃地方官以為美觀。欲藉之誇示富庶。謂民風之豊樂也。非惟不禁。抑之。且劝[諭]諭之。自來不過正二月間。今則四五月亦然矣。張燈設戲。怪奇荒惚。三二日夜。費銀千百。此何理也。夫以一邑百里之内。生聚幾何。財力幾何。乃官衙之一二百人耗之。胥役之三二百人耗之。境内之競效在官奉廉又耗之。不特此也。各邑之縣丞縣尉巡檢等衙門又耗之。民氣尚忍言哉。賈子曰。一人耕之。十人聚而食之。欲民之毋飢不可得也。一人織之。十人聚而衣之。欲民之毋寒不可得也。飢寒並至。欲民之亡爲非不可得也。拙者窮出爲盜於鄉。黠者逃出爲盜於海。其固然矣。此用度不節。吏治所由不修者五也。若夫衣服飲食宮室器皿之數。貴賤無等。清濁不分。惟其豐饒。任意造設。由官而民。競尚淫巧。遂使鄉閭市里。忘厥名分之尊卑。趨奉華美之流輩。乃至事關凶喪。親尸在堂。曾不以爲意。惟務盛饌。喪家僧道群集。歌唱鼓吹。無所不有。此又用度不節之餘。關係人心風俗之大端。所宜嚴行申飭者也。民之爲盜。大務起於窮苦。間有從稟質蠢戾致然者。然苟官無苛政。吏不爲奸。夫亦何自開其源隙。而與以口實。即謂正本清源。雖以望之循吏。不爲奸顧。不能弭盜於初起。獨不能治盜於已然乎。今則非惟不能治之。且日滋之也。被盜之家。不皆富室。方其見竊。冀得亡羊。勢不得不呈明長官。乃一呈而批候飭緝。久之寂然也。再呈而批候催差保嚴緝。久之寂然也。三四呈而批候提差保比緝。久之仍寂然也。而回視被盜時。已閱數月矣。鄉民入城呈官。放下事業。勞費不一。閱數月間之四呈而毫無痛癢。徒於被盜外益多勞費。然則計其被竊已矣。呈官何為。自是而鄉民見之聞之者。亦皆曰能其被竊已矣。呈官何為。隱忍相仍。盜無所畏。而招集日增。官不知盜。而以為無事。馴至盜夥多人。公然行劫。再不得已呈官。則又恐其以劫為詞。必欲勒他改劫為竊。有不肯改。則怒嗔之餘。繼以差押。其被劫多藏。情形纍著。不能諱以為竊者。則又遷延遲擱。民急以陷溺。官閒若神仙。兼之調任不時。歷積廢莫理。一案而經數載。寢不見結。蓋十二然也。又甚其甚者。民間自行擒盜送官。官不丁時定結。坐能蠹役交通門頭。詞知送盜之家。厚實可以多詐。遂以是盜為奇貨可居也。飲食之。開慰之。

不則、困苦之○酷虐之○或誘或迫○令其扳擄多人○火簽追拘○勢得更速於捕盜○愚者懼禍○飽無差賄○許免見官○其自願無實受誣○或冀見官長辨冤也○一入公門○叱咤嚇鎖嚇○官不可見○惟賄之講○而被送之盜○且得緣是分甘○或因而倖獲輕擬者矣○是名則為官○實則為害甚於盜賊也○如是而盜風安得不日熾乎哉○此緝盜不加吏治○所由不修者六也○若夫地方官解犯赴省○每名須解費累百○近來沿海兵弁所獲盜犯○移解地方官○官畏解費○委之差役○差役之解費○更無所出也○於是因盜設計○令其各相扳引○指以通海罪名○被引之家○魂消魄散○隨其家加傾以求脫。多者計千。少亦數百。株連鉤押。井里囂然。官知其事。而利於免出觧費也。聽差役之所為而已。是除盜本以安民。今反緣以害民也。此又緝盜不力，而外所宜嚴行飭禁。亟思善後者也。凡茲六事。為草野殘虐身命。亦為國家斲削元氣。而皆自吏治為之。況其他弊竇。尤有難遍以枚舉乎。斯海盜所由披猖於外。械鬬所由起。競起於鄉也。然往者不可諫。來者猶可追。臂譬之人身。現雖養成癰患。未遽不可救藥。桂竊謂誠上得信於君。下愛乎民之封疆大憲。如制府者。宣聖主之仁慈。究生民之利病。砍甦鮒魚於涸轍。務禁鷂擇於江潭。
本此深心。綜厥大體。無俟家喻戶曉。每人而悅。以自激其精
神。惟是彰善癉惡。擊吏必嚴。以廣用其視聽。監察所及。雷
厲風行。使各郡邑令尹。肅然斂惕。懍然震動。搜掃前此之氣
習。思日起而有功。專所責成。久其委任。凡訟獄訟賦稅學校
用度盜竊詐政。次第釐定。皆有所畏懼乎天威昭宣乎
主德。勿謂
九重萬里。敢罔上以行私。勿謂小民無知。恣侵漁以肥己。政令一
新。風声丕應。而猶有蠢然悍然。不顧法網。敢干憲紀。以成械

鬬之風者必未之有也。吏治既修。即有一二蠢悍之鄉。習染已深。不思洗革。或玩視國課。或脅制官長。或窩聚强盜。肆行刼搶。或糾集兇徒。輙弄潢池。則務究眞犯。勿令買代。擇其甚者。蕩其巢而盡瀦其宮。正其罪而盡按以法。亦不得已之舉。而足下快人心。上贊天和。於以成

聖天子春溫秋肅。仁育義正之極功矣。或曰民俗之敝甚矣。非特械鬬而已。械鬬者、或數時一見。非日日而然也。又彼此錯見。非鄉鄉而然也。今之害。有時時而然。鄉鄉而而然者。孰過於賭與鴉片哉。言乎賭。則各廢本業。疲精竭力於呼喝之場。

大都一擲累千。破產傾家而不顧。小日者終日微末。君飢寒耐寒而不辭。其愛間設局通串。極機械變詐之工。反面欺心。亡親戚友朋之誼。尤奇者近來傳習花會名色。所在開場。創置三十六鬼號。隨封其一。聽人揣摩投合。中者一毋而償三十子。日夜奔赴。男女織雜。至於父子姑媳。弟昆夫婦。同心合志。回惑之餘。乞靈神鬼。極之廢塚頹石枯木朽骨。罔不禱求。莫罄情狀也。言乎鴉片。則槁壤臭塗。販賣者市利數倍。釜銅熾炭。熬煎者獲息無窮。受其毒者。剝髓消肌。形若餓鬼。而酣其味者。節衣縮食。景忘朝昏。其在

遊手之夫○習為生涯○非此莫尋樂趣○即當燕客之會○珍若盛
饌○含是不足言歡○始而少年慕焉○藉結声氣○自詡風流○继
而老成戚之○咸傳知交○謂資調攝○由是浸淫入於筋骨○荼毒蕩
其身家○最可哀者○學士文人○讀書而致荒正業○甘為無用
之身○尤可恨者○走餉行私○貸鬻而流毒四方○不顧三尺之法○
由斯以談○民俗之敝○安在其僅於械鬪哉○桂之患○竊謂不然○
非曰賭與鴉片之不必禁絕也○夫化自上下者也○欲民之勿賭
與鴉片也○必地方官先無其事○然後以禁則止○以令則行○二
十年來○為地方官者○三鼓升堂○則呼號鞭朴○赫若雷霆○放衙

以後。遊優游無事。非從容於賭戲之間。則偃仰於鴉片之旁。其一二安坐養高。酣枕怡神者。即屬好官矣。求其焦勞案牘。留心政理者。蓋未之嘗見也。若其放浪之極。更有鳴鑼清道。列從排班。過街而賭者。執事而跟役。坐待門外。街巷市里。羨為為神仙。而官亦自以為得意。曾不內存廉恥。外憚耳目也。時而烟花隊裏。宿妓眠娼。其儀仗簇擁。公然來往。亦如是焉。推之武弁佐雜。莫不如是。又推之幕友胥吏。莫不如是。又推之兵丁方子。亦莫不如是。至於開塲窩賭。花會首局之人。則地練都快。老胥豪吏。囊橐相投結。皆其耳目。官雖自踰短垣○未嘗不思爲掩耳盜鈴之計○亦或嚴緝緝賭匪○訪拿鴉鴉片○然特藉此○名色○廣張網羅○飽賄則縱○以遂其壑志谿心○非實有除惡之意○何曾有除惡之爲○蓋非特不欲除○亦不敢除○不勝除矣○由是覘之○官不啻倡民以賭○倡民鴉片○而何怪市井鄉愚之賭風日熾○鴉片日盛乎哉○然則仍慮吏治之不修耳○吏治果修○則官能以法繩已○必能以法繩民○何有於賭蕩鴉片之依○不與械鬪之風無息也○抑桂 又有言者○夫吏既紛民風日敝○復有所查訟師○刁筆弄奸○逞其張機設阱○能咸海市蜃樓○遂令是非失實○黑白混淆○衙門胥役○外內

交通。利其生波造孽。足益貪囊。縱令官恩按治。而百足之蟲。至死不僵。何也。交通有術。為之保護營救者多也。斯文嚴課吏治之間。所宜飭令訪緝。若行芟薙者耳。惟是海盜一役。黨夥已多。盤踞已固。煙波縹緲。出沒無蹤。旦夕間似難卒除。然亦有可舉得而妥參末議者。所謂半在於散之。半在於勸之。散之者由吏治之克修。勸之者。要武弁之各加今浙之海盜。非有如近代倭患之來自外國也。不過數濱海之徒。其間尤瀕海之民。因有司官不善撫字。衣食既絀。復困於獄訟不平詐端之有所逼迫。窮無復之。遂至竊出為盜。

於彼於此。或東或西。其始不過三五成群。侵奪網漁小舟。官不知撲。而其不善撫字如故也。於是諸有所逼迫者。又逃集焉。百十成集。党夥漸衆。遂至敢奪商船。而官之向不知撲者。旋而莫能撲矣。内地之逃日益衆。外海之勢日益強。至於千百成群。蔓延遍數千里間。然須其各立頭目。各相統屬。則離而不合。其非同於倭患之來自外國。共為一黨也明矣。蓋其始之為盜。原因有所逼迫。迫多出於不得已。而其繼之益横。則以無地可歸。而成於莫知何。當此時也。而吏治克修。彼聞官善撫字。既無藉口於激變之說。心思鄉土。且欲觸其死亡於風濤之患。情形至此。將不待友朋之招徠。其心已相率攜貳。無復固志於烟波出沒間矣。或伺隙而潛歸。故里。或乘機而逃生異域。斯必然之勢也。所謂半在散之由吏治之修著此也。不然、如近來之吏治。適足以絕其歪生之心。堅其敢死之志爾矣。不寧惟是。且恐內地之潛逃而往屬集其勢者。尚未已也。何則、獄訟諸端之積弊。既日甚而莫與相維。近又多張法網。顯以毆之。即如林五一案。彼自以通盜大惡。身受正法。情真罪當。何說之辭。然、潮州自百數十年來。如此大惡。僅見一林五耳。其他未之聞也。況自林五正法。赫赫王章。有目共見。有心咸悚。豈復敢略不畏死。再蹈形似者。然而此邦之民。緣是益加惨痛。何者、朝廷籍没林五。原以明示顯戮。警者沿海奸民。非因林五一人。并棄此方百姓也。乃當日簿錄林五田產。官爲親詣田野按丈。但有林五田迹所在之處。即并其四面相連之田。原係他族他姓。與林五毫不相涉者。概行丈出。記入林五田數。當其時情案既大。氣勢嚇人。鄉民懼禍。競自屏息。方冀與林五罪名遠不相關。誰敢仰首向官。自認田區以近危境者。其中有祖遺多年。無契可據。則吞声忍泣而已。即有契書炳據。稍知理法者。契執契鳴冤官便嚇以林五交通眾名。直令魂飛天外。情極無計。不得已別鬻他產。饒賂差官。始以原田還之。而計其價值。所還之數。不及所失之數。倍蓰。蓋林五之田。散於百十處。而與林五之田相連。受此冤痛者。不知幾百家矣。不特此也。數年以來。奸民訟棍。有所怨惡於人。或因借貸不遂。或因小嫌致隙。思為中傷。以洩私憾。非借林五事產。捏以素有交關。即指林五通海。誣以與為形似。憑空結撰。危詞聳聽。官雖明知其誣。而藉此可致千金。以分厚實。無不准者。即幸遇寧靜之官。天理人心。未至泯喪。不忍因誣索賄。而呈詞在案。

徐待審理。承差在外。肆行逼勒。輾轉歲時。被誣之家。驚憂擾攘。勞費亦已不貲。似此情景。白日風波。朝不保夕。非惟被誣之家在案者。氣結神沮。即鄉村傳聞者。亦眥裂髮指。其勢不至使民心羨海盜之樂不止。豈非多張法網以敺之耶。此散盜之源。有不先清吏治而不可者。由是而繼以勦之。則在於明其功罪。分以戰守。

本朝嚴立邊防。加恩將卒。沿海之兵。星羅碁布。衣糧之費。歲足月贏。非徒養其軀命。所以備乎緩急。二十年來。武弁不剛。莫甚於沿海。將卒其遠者桂不敢知。請即閩粵兼畀之南澳鎮言之。該鎮之兵額幾多。師船幾多。桂亦不敢知。第即南澳左近之情形言之。其鎮依山而立。在海之中。所接內地則澄海縣之東隴、樟林、山頭仔、黃芒溝、鹽灶。饒平縣之新林海山、達於黃岡等處。自來可耕之土無多。鄉民皆駕小舟出海捕魚為業。其遠販貨者。則為舟稍大。裝糖至蘇州、上海、寧波、膠州、天津等處販易。大舟小舟。皆從南澳鎮前出海海。乃此間兵弁。惟聞商船出入。科斂財物。微及魚蝦之細。務總所取。至於每歲四五六月。商船出港之期。十一二月。商船入港之期。皆有海盜把截要口。習知鎮弁之無能為也。輒逼南澳深入内地。劫奪商船。飽則揚帆出海。由來由往。如入無無人之境。即如本年六月初三日。澄海縣界商船陸拾餘號。各裝糖包滿載。每船貳三千包或四千包。連船身計之。一船值銀數萬。將往蘇州上海等處。因澳外有盜船把住。未敢揚帆出海。暫收入山頭仔鄉外之小港。竟於是日爲盜船數十。由南澳鎮前經數汛地。直入小港。放火焚燒。被焚者十船。奪去者數船。文武將官在岸瞭望。如同看戲而已。其過營汛并一炮都不發也。是營汛兵皆盜而已矣。事勢至此。爲縣尹者實亦無可如何。而沿海兵弁其可恨恨[何]若何也。誤凡此類。始猶飛報上官。繼并置若罔聞。更有商船將入港時。
距鎮府不過咫尺。為海盜圍迫。勢危情急。一二習水者。舍命
投奔。鎮府。哀乞師船救護。不敢望其出戰也。願得師船傍岸
鳴鼓發炮。以為應援。藉聲勢耳。而不惟不救而已。踢以靴尖。大
作威怒。以為若等船何與我事。敢爾冒瀆耶。未也。其船自
與盜併力支撐。幸而得脫虎口。則又加以縱盜之罪。大言必
欲詳辦。而商船又不得不与多與財物。懇求息怒矣。似此虐戾。
雖屢指數。而鎮將且坐酣壁壘。安然無恙也。既不以盜為意。
抑且与民為仇。識不審南澳設陸兵。將以何為。船廠廠工

料。歲歲靡費。又不審師船之設。將以何為。關有一二副將千把。奉職勤。出海巡邏。不幸斃於盜手。則生者懼見罪責。諱言其實。報以失水。

朝廷不知恤。幽魂無所慰。阻義士之心。隳敢果之氣。得非功罪未明。戰守所由不力乎。且夫為戰為守。臨機而制變。非書生所能懸揣也。惟念海巡官發地方。北自溫台而上。南極瓊雷而下。中間懸隔亘數千里。颶風浪泊浪。飄然而遠。倏然而近。其往來又各立黨夥。蟻聚蜂屯。彼此出沒。分據海島、嶼。非共為一處。可以全力制其死命。此而恃一帥之孤軍。隨所遠近。與為追逐。顧此則失彼。顧彼則失此。雖有智勇之將。能罷罷之士。懼貽奔命之疲。殲之難於卒殲也。則意者其畫地而守。分地而戰乎。夫海匪之船。本易虛而覆也。彼以無所掠食之故。不敢遠泛大洋。惟有遊巡近港。伺隙侵奪而已。且其始非能自造船也。大抵劫奪商人漁人之舟。雜湊成幫。高低不倫。大小難一。其間帆檣碇索。日久朽壞。無處更新。誠於其時。各地方將弁。齊心竭力。把住隘口。以我堅緻之舟。擊奪之舟。攻彼日久朽壞之船。上之可以沈其船而殲厥醜類。次之可以逐之而使無劫奪。然而竟聽其披猖至是者。豈非武弁不力之由矣。今者劫奪日久。船隻日堅。財物日充。其勢驕強矣。以桂之愚。竊謂宜置一大帥。節制沿海諸軍。以重事權。而大帥親提重軍。卒揀使精。糧儲使足。器置使備。然後出巡海追勦。其各鎮協衛所。如虎門、碣石衛、甲子所、南澳、海門等汛官。則先期嚴行檄飭。務使各練水軍。備器械。完舟楫。堵截於各地方必經之要口。凡大軍追勦所過之地。則出而夾擊之。否則力為堵截。勿令得入近港。未有大軍以追勦。則賊必四散奔竄。有各地方之堵截。則賊且水米俱窮。外無可逃之路。內無可躲之穴。彼鼎釜遊魂。且何待而不立見殄中矣。也。再就中嚴稽各地方兵弁之不知夾擊。不力堵截。與其能夾擊。能堵截。而沈賊船。馘賊夥者。定厥功罪。顯示賞罰。則勇氣增。而賊匪益無能為矣。所謂畫地而守。分地而戰也。仰卒之加。宜出於此。夫以吏治克修之餘。盜心已散。而復繼以勸之也。如此乎其堅無不破也。海氛之靖。其不可望歟。至於招撫一策。或亦言其可行。然桂愚竊以為仍須吏治克修。方無隱憂。不然散歸各鄉里之中。復受地方官之擾。彼且謂與其束縛操切。仍無生路。曷若任意跳梁。苟延性命。則散而入者。將恐其聚而出矣。不幾徒勞大憲之費心乎

哉○凡茲繁複之言○皆從聞見而得○事關實關乎桑梓○情故
急於呼籲○縈於中者有年○兄於口而難禁○桂會四赴禮闈○
往來三江山左間○見其土風習俗○未有如潮之敝者○詢之土
人以地方官長○亦未聞有如潮州近來之官長也○十數年前○
年壯氣盛○甫冀萬一成進士○得為御史之官○便可悉陳利病○入
告
天子○今自顧年幾五十○恐無復登第之望○遂終已不得為桑
梓之地○紓哀痛之心○而適逢
制府南來○上爲有為國之大猷○下有愛民之實心○必能救弊

敝扶衰○剔奸釐弊○此而不言○則終無可言者矣○是以疇曙往月○書成復毀○至於再三○而懷不懷能已○卒進其說○夫狂夫之言○聖人擇焉○備

制府以為可採○而俯擇其一二○掃除更化○於以式是南邦○敝此一方之民○使至不至當

皇仁淪浹之時○此鄉獨感凋敝之依○即積敝已深○猝難掃除○但使官有愛民之意○吏無敢肆之扞○就中漸次轉移○寬一分○則地方受一分福之福○是邑 桂 區區之望○所為情急呼籲者○於斯而已○不然○潮佚之敝○桂 身家固無所与也○獄訟雖不早○而

不入公門。未嘗有獄訟之苦也。賦稅雖不釐。而家徒四壁。未嘗有賦稅之累。推之學校用度盜賊械鬬海運之間。桂守分讀書。授徒食力。一切無所為擾也。而硜硜多言。如是其自苦乎哉。抑更有不能不上禱者。桂一介書生耳。此間積弊。為日已久。其人則前後相望。文武相仍。二三十年來。非可以數計也。他日知桂所言。保無含怨積恨。或懷妒忌。因而尋端索疵間。令不一之機權。以叢怨於桂之身家。則受禍有不可勝言者。桂既願以此切言。亦不自惜。但家有老親。恐貽憂慮耳。夫賈生待詔得君。業已有位於朝。然而痛哭陳言。

且至群相妬嫉。間廢以死。况桂之一介書生者乎。伏望

俯念螻鳴。愛及蚊力。可能者耶。不可能者罷。委曲而保全之。

賜則桂之受賜。直無異感海嶽之高深矣。并瀝微情。禱乞

垂鑒。無任悚惶懇迫之悃之至。

# 防海十論

海於天地間。為物最鉅。羣靈秘怪。恍惚潛蹤。而以不擇細流之故。往々匿瑕藏疾。極頑鈍蠢戾之氣。相與逋逃而竊發其閒。則防之不可不亟防也。然而有難焉者。風濤浩蕩。煙雲晻靄。北自溫台而上。南極瓊雷而下。亘萬里閒。狂洋不可測識。又其中島嶼錯立。灣港迴環。凡蠢氣之竊發於此者。所在分扼。或出或沒。乍遠乍近。幾無從制其死命。重以內地無知之民。貪其厚償。時或竊與土物。自器用或服食之端。皆得有所取給。夫是以涵淹卵育。漸滋而成蔓延之勢。又況沿海將弁。

非惟不力搜捕。且或有潛與往來。縱令出入者。而防之益難
於防矣。
國家金甌全盛。東南環海。萬里浩瀚。舟楫利涉。為民生之大利。
而今齊匪潛伏。出没行劫。亦方隅之隱憂也。
盛京一帶澳岸。如錦蓋等州。皆東南懋遷之所賴之處。今旅順
口水師。足資彈壓。可以無憂。山東洋面寥落。非盜所戀。惟江
浙閩廣。則工自二三月。十一二月。皆盜艘劫掠之時。而尤莫
甚於閩廣。自廈門南澳而下。千有餘里。富商大賈。為所剽
掠。殆無虛歲。地方官不敢過而問也。彼此相蒙。幸免盜案。恭

罰。釀積日久。流毒不知所屆。此則杞人之隱憂。不能以天涯絕域。置為荒遠而不介意也。海洋相通。無此疆彼界之隔。朝閩暮粵。半月之間。可以周歷數省。防範驅除。萬難稍緩。夫昇平之小醜。豈果難治。海洋雖寬。得其要如一室耳。去接賊之人。賊勢自然窮蹙。練兵丁。選壯士。精器械。慎機密。搜醜類而殲之。治其標也。平日恩威並濟。有大服軍士之心。又當知弭盜之源。在乎民風士習。課農桑。脩學校。以養以教。自然不為盜賊。治其本也。曩閱漳浦藍子鹿洲於雍正年間所論鎮守南澳事宜。及海洋弭捕盜賊等書。寔屬今日至計。不揣狂

愚。詳爲輯録。參以管見。綴成十論。蘇文忠有言。苟足取效於世間。不必皆從己出。惟

憲台採擇而斷然行之。

一論將帥。帥必擇人。命將之道也。而尤要於邊海之地。承平日久。大帥高牙大纛。養尊處優。不肯輕身出海。委其事於將弁。無論追逐風濤。出入水天茫淼之鄉。非其所願。即求一二留心海務。稽責兵弁。亦難言之。夫上偷安則下怠惰。營伍廢弛。則士卒弱。將帥素尸。則盜賊恣。自古及今。必然之理。近來之爲帥者。徒知立威。巍然以自尊大。視士卒死生若秦越之

肥瘠。其於軍資不十分侵尅者。已幸矣。刻薄寡恩。眾心離散。胡可見敵。其矯為大度包荒。則廢弛營伍。兵驕而不能戰。將悍而不能制。法令不行。朝三暮四。此又登場木偶。徒有人形而無生氣者也。誠使為將帥者。克有奉公憂國之心。不憚艱難險阻。思為

朝廷出力。御下則恩威並濟。要在體貼人情。為之設身處地。饑寒疾苦。痛癢相關。務使上下親切。如手足腹心之不可離。至於法令一出。山嶽不搖。敢有犯令。雖親無赦。若穰苴違命而斬莊賈。孔明揮淚而斬馬謖。使軍士凜然知軍法之不可

犯○則令無不行禁無不止○三軍之士○懷德畏威○蹈湯赴火皆所踴躍○而何敢有於海外之鼎釜遊魚乎哉○

一論兵弁○雖有猛虎無爪牙不威○雖有名將無左右不雄○而況於殺敵致果之重事乎哉○

國家糜費金錢○養一兵○必得一兵之用○用一兵○必得一兵之力○而將官蔭空糧○老弱充軍數○無事則逍遥市里○遇警則紛紛獸散○玩筋疲骨○未見敵而畏死幸生之心○倉皇自擾○其可用者安在也○近來沿海之兵○老弱參半○或膏粱子弟○廁身行伍○生事賭賻博○逃避差徭而已○非寔有可用之兵也○夫追

徭

逐風濤。以出入於生死不可知之間。此豈老弱膏梁之衆。所可冀其邀幸以立功哉。則汰之宜亟亟矣。然沿襲既久。驟行裁革。則怨声沸騰。或起嘗擾。窃謂老弱之兵。及病船不能衝風破浪者。皆另造名冊。准其舉餘丁以自代。并不必問其為真餘丁假餘丁。但人材精壯。武藝高強者。則補之。一舉不佳則再。再舉不佳則三。三舉而不佳則中用則除之。官自招募勇敢强力之人。以補其所缺。勿於中取利焉。則兵皆精兵。無虛冒名糧之弊。而又於每月三六九期。勤行操演。考其技能工拙而賞罰之。就中拔其尤超羣出衆者。特加優恤。或遇外委把總缺出。量才拔補以鼓勵之。又或於隨行出哨之時。有臨陣尽力。功在衆上者。倍加優賞。遇缺先補。則敢死之軍。勇氣無敵。一遇賊船。如鷹攫兔矣。一鎮如是。推之於各鎮皆能如是。又推之於各協各衛所皆能如是。彼海匪之烏合何有也。

一論軍器。兵法曰、器械不利。以其卒予敵也。故或二不當一。或三不當一。或十不當一。或百不當一。要在隨其地而用之。其見於漢人晁錯言兵事書者詳矣。然獨未嘗及於舟中之軍器。夫北人乘馬。專以弓矢見長。南人乘舟。角逐於烟波浩淼之際。當其相距遼闊。弓矢無所用之。及其兩船既交。一人能發幾矢。一矢能傷幾人。則莫若砲火之爲功大也。竊意哨船軍器。宜用鳥鎗鹿鎗連環子母兩斤等砲。及噴天筒火箭火罐。助以單刀籐牌長鎗大斧。而其餘可一概不用。大約一船中爲砲火者十之七。爲刀鎗者十之三。賊雖有艨艟巨艦。不能當官軍之砲火之重疊也。方其逼賊船嚮邇。可追則追。不可追則佯爲不可遁避之狀。以堅其來。挽舵爭據上風。上風一得。賊已在我腋中。我則橫逼賊船。如魚比目。並肩不離。順風施放大砲。百發百中。兩船既合。火罐火藥桶一齊抛擲。雖有羣賊。不焚於船中。必殪於水面矣。有未斃者。亦俛首就擒耳。

倘欲兼用矢箭也。必取諸弩。尋常之弩。不堪用也。必依諸葛武侯遺法。作連環弩。上有方筒。筒分十道。中藏百箭。二人挽之。觸機自發。一發十箭。隨發隨挽。矢復自出。每船安置數弩。則瞬息間發矢千計。一飯之頃。萬矢連環。雖有劇賊。何處逃生乎。此亦舟中之長技也。

一論搜捕。海盜披猖。則宜於鵰勦。海盜竊發。則宜於搜捕。苟其始能力搜捕。則其後何至披猖。今天下太平。亦有所謂巨賊。不過一二無賴。饑寒逼身。犯法潛逃。寄口腹於烟波浩蕩之際。而往往不能廓清。蓋遠至三歲為商民之患。然則海盜之披猖○非哨船不能搜捕於始之故歟○承平日久○大帥既養尊處優○不肯輕身出海○於是將卒疲玩○其奉命巡哨○不過循行故事○泊船近岸○沈湎摴蒱○以為娛樂○遷延期滿○揚帆回汛○賊夥連腙劫掠○莫過而問○即有上命督責○不得已稍稍出洋○則逡巡徐行○窺探賊船遠去○尾其後而追送之○賊亦若相体掠諒○不來衝突○自向他處行劫○俄而失事之處○偶屬他鎮地方○則將卒稟報鎮帥○以為逐賊之功○自相慶賀○謂賊不敢犯吾境○是則近來沿海水師之通病○而釀積以至披猖如此也○或又謂萬頃渺茫○從何捕起○風濤險惡○性命可虞○不知賊當

盤踞未周。可以搜捕之時。其船不在遠而在近也。沿邊島澳偏僻。可以停泊之區。時往搜捕。百不失一。蓋彼雖各存賊未嘗不自愛其生。猝遇颶風。未嘗不自憂覆溺。各省匪類。俗雖不同。然皆必有樓〔垵〕塽可避風濤。乃能徐俟商船往來。又必待天朗風和。乃敢駕駛出洋行劫。其貪生惜死之心。同。其哨緝之方。搜捕之候。無不同也。兵法云、出其不意。敵乃可致。是在將帥之勿憚勤勞。以身爲率也而已。

一論堵截。海盜之起。其初洲遂以百以千也。成於搜捕之不嚴。而熾於堵截之不力也已知。蓋其初不過三五人。潛至港口。

窺伺小艇附岸。徑跳登舟。露刃脅舟人駕出外港。遇有略大之漁船。則詐稱買魚。又跳而上。再集匪類十餘人。便敢公然行劫。此閩粵間所謂踏斗者也。日久黨衆。分為多船。而勢漸以大。至於貨貝財帛衣糧。劫奪充牣。遂驕驕乎明目張膽。而哨船之出。非所畏矣。然試思此劫奪充牣者。自外洋取之乎。抑自內港取之乎。賊當初起。所駕劫奪小舟。其視巡哨之師船。高低大小。非可以尺寸計也。帆檣碇索與一切器械之需。亦無一可與師船敵者。不惟遠泛外洋。無所得食。且畏其風濤。不足相受。大都窺探內港。伺便劫奪而已。而內港左右。或鎮或協或衛或所。營汛接立。星羅碁置。未有賊入内港而不知者。使沿海將弁。當此時而定心定力。抖擻精神。早爲堵截之計。或於其將入港時。鳴鉦伐鼓。驅以壹正之旗。不沉其艘。必追其蹤。彼且望風而生畏矣。或於其已入港後。截其外而擊其内。則形格勢禁。直如縛雞豚於甲籠中。薰鼠雀於鼎上耳。而乃大將帥偷安。將卒疲玩。上下相蒙。漫不爲意。坐聽其直出直入。以至於毫無顧忌。日久披猖如此也。誰之咎哉。

一論財物。利者衆人之所同欲。故從來專欲者難成。而公利者易治。況乎臨陣殺敵之間。用其力以出入於生死之交。則重賞之下。必有勇夫。其於財物有不容不論者。

朝廷養兵。雖當無事。而衣糧錢物。歲給月贏。不惜分帑藏以贍技擊。豈樂爲無用之費哉。厚其養。所以資其力也。夫拊循之言。溫如挾纊。楚之所以霸也。投醪於水。與衆同嘗。越之所以興也。是必爲將帥者。平時體諒周恤。與士卒同甘苦。庶有以大服其心。及夫出海巡哨之期。或幸當捷獲。所得賊贓銀錢貨物。務須按其多寡。均分士卒。使隨行出哨之人。共沾其恩惠。切勿自私自利。充一己之囊橐。將弁則以次陞遷。無積掩抑。如此則將士之功名財利俱在賊船。將不遑寢食以思出哨。而搜捕之嚴。堵截之力。皆無患其不用命矣。且夫水軍之逐利也。與野戰殊。野戰而輕於逐利。則每爲敵人所誘以致於敗。水軍之逐賊也。必賊勢敗而後利之可得。得賊之利而公之。初不虞敵人之誘也。而亦不繫官府之費。適足以堅士卒之殺賊之心焉爾矣。此沿海將兵者。服心之一道者歟。

一論接濟。匪類逃躲外洋。非能不食而操舟徒手而行劫也。由內地奸人接濟之也。濟以糧米物食。然後能久延性食命。濟以火藥軍器。然後能劫奪敵殺。向非有接濟之者。彼外洋浩蕩。并淡水都不可得飲。不數月而皆為餓莩。相與葬於魚腹中矣。何操舟行劫之能為害哉。顧論者多以此歸咎漁船商船。不知漁船僅一葉耳。所帶糧米斗石。能濟幾何。若火藥軍器等犯禁之物。則無論漁船商船。每當出港皆經文武官司。營汛關口。數回勘驗。彼何以自以犯禁之物接濟海匪哉。然則誰接濟之乎。審厥事情。哨船實接濟之也。即如南澳地方。自來多寄港哨船。接濟。如東隴港、南洋港、樟林港、澄海港、沙頭港、海山、柘林、井洲等處。皆有哨船。無一不接濟者。即謂接濟物料。非哨船中人所能備。然亦實與內地奸人通同因法以為之。無哨船以為之載。內地奸人因無從接濟海匪也。以此推之。恐沿海各處。當無不然矣。蓋藉師船之名。以載犯禁之物。曾莫敢查驗之者。其勢實為至便。而其獲利也無窮。每猪十隻。米十石。皆價餘百金。火藥籐牌鳥鎗等軍器。價皆十倍。海人謂坐港之利。勝於通番。此之謂也。夫民船犯禁。特有官兵緝之。官船作弊。孰敢攖其鋒乱。是在鎮將留心稽察。無使復蹈前轍也。則海孽之肅清。思過半矣。近來沿海海面內河。設立緝匪小船。日夜巡儌。而藉勢生波。所至滋擾。於緝匪無一毫之益。而市里添無窮之害。且與守港哨船。

通同載物潛接濟海匪。如東隴樟林等處緝匪船尤甚。窃以為宜亟停此。斷不可用者也。

一論商船。廣東全省。東南皆岸大海。沿海之地。可耕之土頗少。其民大都懋遷有無。依商船以遠販貿。治生計。北極

盛京之錦蓋。直隸之天津。山東之膠登。中連江南之蘇州上海。浙之寧波。福建之廈門。而南極於雷瓊海口等處。不下一百數十萬家。一船之設。為舵工。為水手。或主或客。百數十人。合沿海商船計之。蓋不知幾千萬人。治生於此也。商船既行。無論沿海之民。有所生業。即內地各都會。其服食器具。一切生人

有用必需之物。亦因以流通廣布。而無滯積之虞。兼之海外諸番。如暹羅佫倈交來巴之屬。番船貢艘。歲歲來往。其入出百物。沿海諸關餉。數亦不訾。則夫商船者。誠東南生財之一大端也。近因海盜披猖。各上憲議禁止之。意蓋慮商船之被劫奪。重為海盜資也。而桂之愚。竊有所未安於心。而不能已於言者。以為欲絕海匪。而停止商船。得毋因噎而廢食歟。沿海之有商船。由來久矣。民之依以為生者多矣。各都會之物產。其流通於此者。亦習知矣。今一旦停之。即

國家庫藏。無須此區區之關餉。而內地既少可耕之土。

聖朝深仁厚澤。涵濡既久。生齒日繁。不知此沿海億萬待生於商船之人。將安所置乎之乎。國家聲靈遠訖。其氣象有日進。無日退。海匪披猖。而商船不敢遠出。是避其鋒而退之之勢也。小醜跳梁。惟務設法勦除。〻之而商船可不必停。不除之而港外即無商船。彼賊不能上岸劫掠乎。適所以自示貶損。而壯海匪之勢耳。且夫商船可以敵賊而助兵勦捕也。其舟既堅。其人之身家性命盡在此船。勇銳之氣。一可當百。每見番舶上下。不過一二艇行。而雖盜匪船以數十。不敢近也。即近焉亦必被創而去。然則商船所處者。

無軍器耳。彼其人皆有身家性命。必不敢思爲匪類。又一船下水。必有族鄰鄉保具結。地方官查驗烙號。給與護船牌照。方敢遠出貿易。此等有根有據之人。原屬可信。惟是禁携鎗砲。所以東看時束手而聽命於賊。若以其不足信。則不應給與牌照。既可給与牌照。則似無妨聽其隨帶防船器械。在愚以爲得大憲設法勿事拘牽。寬商船軍器之禁。則當出港入港百十成幫而行。遇有賊船。寔足代官軍而殲其醜類也。而何刼奪之足慮乎。此非敢故立異論。自以爲果可能也耶。以達愚生之一見而已。

一論島民○沿海島嶼皆有窮黎官其地者○所宜撫恤也○用兵之道○安民為先○弭盜、之源○撫民為本○島嶼僻環○海濱民居民大抵耕三漁七○生計尤艱○且地轄鎮協衛所○除一二有海防同知而外○有司政教往〻不及○則鎮主營弁○即民父母也○兵丁恃覺驕恣○未免欺凌小民○民翹鎮主而不伸○則無能伸之地○且或有脅制阻抑而不敢翹者○攖怒積怨○為毒無已○故約兵貴嚴○待民貴寬○使不敢強凌弱○眾暴寡○則兵與民一體之一道也○凡舉動必順民情○有盜案、則為嚴緝重懲○有奸棍、則為革逐出境○米價騰貴○則為設法運載平糶○雨暘不節。則為躬親齋戒祈禱。又以春秋巡行阡陌。課農桑。擇其勤者而屬之。悅色和顏。如家人婦子之相親切。又或於月之朔望。集諸生鄉耆於公所宣讀

聖諭。使兵民共聽。咸知為善之要。且曉然於

聖天子軫念民生。諄諄然教化之意。而相戒相勉。不敢作奸犯科。亦經理海疆之要。足與內地官師互相維繫。使民無盜之原也。

一論義學。雖在海外。無忘詩書。雖有戈矛。必興禮樂。孟子曰、壯者以暇日。脩其孝弟忠信。可使制梃。以撻堅甲利兵。則知

教化之興。亦武備之根本也。海島荒陬。無郡縣官司之設。古未立學。

天朝式廓。海宇奠安。百數十年來。處在荒徼。人文駸駸乎起矣。如南澳鎮城。舊有義學文廟祀

至聖先師。其初捐衛門舊規水利。每歲百金之入。存春秋丁祭延師脩脯之資。勒碑刻石。垂示至今。以此推之。竊意各處鎮協衛所。皆有義學。但恐因循日久。不免沿為具文。有其名無其實耳。桂愚以為義學不可不興也。各鎮協衛所未有者。宜設法捐立。已有者。宜振作勿懈。學金則務擴之。祭祀之費。膏火

之資。則務續捐貲增益之。春秋丁祭。親臨釋奠。萃所屬地方諸生。及兵丁子弟之秀者。咸令入學。延郡壤名士之孝行兼脩。才品出衆者。一人為師以教育之。月課生童。第其高下以鼓舞之。朔望行香謁

聖學。進諸生而親切勸勵之。開府忘其尊。庶民異於分。甚盛事也。夫學校者。人才之所出自出。而風俗人心之所由轉移而變化也。善籌武備。倘亦暇日而加意於此乎。愚所以敢抒狂臆。願與沿海官民。慶萬里澄波之頌也。

# 機論

海匪之方起也。由防之無法。其積而甚熾也。由勦之無術。今防之之法。勦之之術。已詳於晏海渺論防海十論中矣。而復以竊以爲有其機焉。機在於勦之之始也。外緩其形而內完其備。出其不意。如雷霆霹靂之自空而下。彼且遁之而不知所以遁也。禦焉而不知所以禦也。則機無（蔑）不勝。而海患可以冬息。夫以烟波浩淼之區。積數十年盤踞之匪。其於沿海間。何處可以得財帛。何處可以得米物。彼固已習而慣之。其所欲久矣（知）。是豈不可痛憤者。然不先定吾勦之之謀。完吾勦之之備。則所（謂）爲先爲不可勝以待敵之可勝者。無有也。而第逞其痛憤之氣。遽封港口。率彼所素恃為財帛衣食之資。盡數收入內地。彼卒然無所得食。而又知吾所以勸之者。其備未完也。奮而起焉。必至深入內地。焚殺劫掠。而沿海居民村庄。其禍將不可勝言矣。夫用兵於海匪。與制敵於中原。其勢不同。中原之制敵也。堅壁清野。則敵無所掠。不得不窮而遠遁。海匪之財帛衣食。外洋既無所取。惟沿海生理船隻。迫於無可如何。議納花紅銀。猶可苟安出入。而海匪即藉此為性命。港口一封。則窮於求者。必求諸山。彼不劫取於鄉。而將安取哉。劫於鄉而吾猶有其備。猶之可也。劫於鄉而吾未有備。其若之何。海匪既除。商人安有花紅之納。海匪未除。則納与花紅者商人耳。未至害及鄉井也。而謀未定而備未完。遽絶之以急海匪之變而貽鄉井之禍。如之何其可也。然則勦之之始。其機必有在矣。外緩其形。一似姑置度外。凡彼所素藉為性命者。且忍耐焉。以如其所欲。則彼必無志劫殺内地。而相與苟安於海中。而吾之内完其備以成其謀者。旬月之間。擇將帥。練士卒。繕器械。備戰艦。集糧食。密飭各處港口。皆因地而嚴為之備。調度既審。然後揚帆鼓勇而出勦之。而海患有不息者。未之有也。斯出奇制勝之機也。

## 原人

凡生於天地之間者皆曰人則必其有益於天地而後不愧為天地所生之人非獨人也夫物則亦有然者麟鳳龜龍出為世瑞無論已推之一草一木大者足供棟樑之用微之亦備樵爨之需孰非有益於人哉者哉其益於人即其有益於天地也物且有然而况於人乎又况於讀書稽古儼然為衣冠中人乎三代而下所稱讀書稽古者大抵從制科起見鮮有志於聖賢之學然即以制科論朝廷設科取士所以待讀書稽古之人何為乎豈徒曰冠服以榮其身加體祿糈以養其人之軀即因將望之以足為世用使有益

於人也士君子讀書以明其理稽古以習其事出則為君國分憂處則為鄉井造福無往不可以益人也大則為德為民上下之所支倚小則一官一邑事物之所受裁無地不可以益人也特難為委瑣齷齪之徒道耳夫君子之於天下事也權所不屬此不敢侵其權若其無侵於權而可利人濟物以為有益於世者縱使事在難成而質之理而無愧問之心而無慚稽之古人而可告無罪衡之公道而不犯清議則皆其在所必為而不容諉為与己無關徒藉口於事之難成而循循然置之者也如以為己與無關而可不必為則范希文作秀才時便以天下為己任何耶如以事在難成而可不

必爲則以春秋戰國之聖賢豈不知其時之無可爲者而必栖栖皇皇以冀其萬一可爲而不忍不爲抑又何耶且夫有所爲而必欲其成者君子之志有所爲而不敢必其成者君子之心不敢必其成而究之可爲則爲終不敢逆料其難成而不爲者君子之心所以獨行其志而自盡其心諸葛武侯不云乎鞠躬盡瘁成敗非所逆料觀彼固明知其所爲之事之必難成也然而曹賊宜伐則伐之六出祁山不以憚其志也必求其以盡其心焉今委瑣齷齪之徒處此則偏安足矣何勞勞於前後出師爲以是知君子之於事也亦視其有益於人否耳事有益於人而爲之終不能使

人。實受其益。則付之。無可如何而已。向使居朝廷之上。有不可不建之言。而預慶之曰。吾即言之。而君必不能用吾之言也。有不可不革之政。而竊計之曰。吾欲革之。而君必不從吾之革也。是尚可以為人臣乎哉。未嘗為之。而坐諉於無成。適以為委瑣齷齪之一無能為之徒。所藉口而已矣。不惟藉口。且嘵嘵然訾乎為之者之多事。而以為不解事也。如斯人者。直有益於人之禽獸草木不若耳。其得罪於天地豈淺少哉。吾不知其所以讀書稽古者何事。而亦儼然自號為衣冠中人。必宜其見廢於世。而為天地間之棄人也。云爾。豈不哀哉。豈不痛哉。雖然。無怪其也。彼其所為讀書稽

古不過村夫子之習得且夫嘗謂數腔調其胸中固茫無所見也
所謂兔園冊子將焉用之者而又何足與論其人也乎是說也余
蓋於今日之倡行鄉約以安我桑梓而乃有從旁而譏其黃口兒
之所爲反自謂置身事外之爲老成特識也故憫其志而爲之說

## 蕭曹魏邴相業論

邴武作叙

將為風雲之客。龍虎之佐。必有識以居天下之先。節以鎮天下之靜。嚴以綜天下之務。寬以持天下之平。非是則皆不足與論帝王之輔。而必欲合而兼之。非三代以上弗能。勝嘗持此以論西漢之間。有可觀者。方秦之衰。逐鹿者眾。漢高起自亭長。不事詩書。籍非有識定天下者以為之輔。項劉未可知也。蓋覘於鎮國家。撫百姓。給餽餉。君子謂蕭何之功偉矣。況乎入關而收圖籍。登壇而拜韓信。其器識尤不足凡哉。且夫相天下者。立法易。守法難。國家法令既明。而復妄事紛更。是取敗之道也。夫安得脫声名。去深刺。

重厚長者。如曹參之遵何約束。惟務以簡鎮靜也乎。畫壹之歌。其養成漢家寬厚之風。蓋不淺矣。書所謂斷斷無他技者。得非參之謂歟。夫白馬之盟。蕭曹爲首。而麒麟之繪。魏邴並稱。則元康神爵間（宣帝年号）。豈得謂無人哉。古者揆岳之官。綜理庶政。家宰之職。協和百寮。至於熙皞成風。猶復儆戒無虞。未嘗不嘆相臣之難。要在厥而有禮也。如魏相者。敕掾吏按郡國。日取四方之盜賊災異上聞。朝廷謂此風可易得也。當其時守法之能及於吏治。和衷之雅。近在關廷。微論曾孫遭遇。吉也絕口不道前恩。其深藏不伐。足為後世貪天功者一示之的。即所稱好

（宣帝武帝曾孫）

寬大而尚禮讓。與同心輔治之美。夫豈非三代下之士大夫所宜引為矜式也乎。夫國家得百能吏。猶不如得一賢相。之四人者。擬諸秉鈞伊旦。未必前無古人。而或識或簡或嚴或寬。其行焉而各得其所近。比擬諸相業之間。倘所謂大醇而小疵者耶。君子論此。知西漢之風。猶為近古耳。

# 五氣順布論

嘗思物之生也有氣所以載理而物之所以生也有理而後居氣理周乎萬物之體其實不外五常氣塞乎天地之間其端不越五行特於順而布之則氣乘而理在焉以月主之夫所謂氣者何也陽變陰合而生水火木金土順為五行自其流而不息者言之曰行自其動而居覺者言之則曰氣當夫天乎一生水天七生火天三生木天九生金天五生土則陽氣變五而五者居其樞當夫地六生水地二生火地八生木地四生金地十生土則陰氣變合而五者安其位此則其生第之序二氣之變而無不順之可言者也歟

之是而布之天。則日月星辰。運於風雷雨露。一五氣之懸象錯出也。由是而布之於地。則自山川草木。至於動息飛潛。一五氣之成形而散殊也。由是而布之於人。則自貌言視聽。至於日用飲食。一五雷氣之聯屬而交需也。三極之道豈外是哉。而其間有順不順之別焉。則何也。一在於相生之得與不得。一在於相克之宜與不宜。夫天地之氣。生生不已。不其其相生者而天地成就生息。是故水生木。木之生火。火之生土。土之生金。金之復生水。循環迭起。而五氣之布於四時也。其或戾之。則木不得水之氣而枯。火不得木之氣而熄。土不得火之氣而徹。金不得土之氣而消。水不得金之氣

而陽於順布又何以為天地之氣剝復相侵不得乎相克者而
天地不能為功是故水克火火之克金金之克木木之克土土復克水
彼此交際而五氣之布自不偏也乎或倚之則火之氣勝於水而
過苦金之氣勝於火而過辛木之氣勝於金而過酸土之氣
勝於木而過甘水之氣而勝於土而過鹹於順布又何以為由
此觀之則所謂順布者可知矣以乎相生者循之而使之相濟以
乎相克者制之而使之相宜時而對待則水為陰而火為陽木
為陰而金為陽土則主倖於陰陽之間而五氣各安乎位而不
相紊時而流行則水為陰而或渝乎大之陽金為陽而或利乎

木之陰，土附互根於陰陽之內，而五氣迭相爲用而不相干，此固氣之所爲運，而足常出，即理之所爲宰於不覺也。夫是故聖人作而五氣順，五氣順而四時序，四時序而歲功成，所謂撫於五辰，庶績其凝者此也。

## 上李吉師書

恭惟　師台。文章淵海。法律圭臬。星軺南來。斗宿思邇。固山右之名英。亦嶺表之哲匠也。去歲客燕。奉謁鮑論山師。時為致意辰年誼闊。詞品詣諄正。風格老成之範。不可多得。而嶺前已奉獲辰二。蓋指　師台及　許藩台言之也。某　聞而思退而窃喜。語文字之感通。固足快一日之知。而辰法行純粹。不徒以文藝見優。長於　師台又尤為令人感佩不佩忘也。伏以某　於淵之宗門取。久乃鐵硯。聊附操觚。乃燒。矣。三。倖。來不。待。以。覆。瓿。魁閣。五。嶽。遊。得。傳。於。根。識。此成。我。之。法。實等。生。我。堂慕。轉。達。授去。徒思。讒。緯。已。哉。膳丙午闈中。負痾病揖思。揭晚日已抵家矣。
迨因例填親供。勒限到省。詢之本学衛協斋師。云 師台
已抵剎安。蕊廻之餘。未能遽瞻星岳。一拜宗風。旋復挈之北
上。会闈中卷。遽落 鮑論山老師房。因積日奔蕊。不免荒疏。
薦而不售。遂作劉蕡之嘆。尤有愧於 師台見知多矣。去丁
九月回家。度擬立雪堂。以山水阻隔。盡之舌耕糊口。遂令。心。
殷。雀。躍。跡阻。息。趨。還思叨列門墻。曾不得身親絳帳。坐領
春風。茲更閱歲。依戀之感。常為一日。每念 師恩高厚。清溪
未報。樹悭因陋。歛灰良多。迹闕 師台政行優卓。現已列

尉去廊。行見榮膺紫馬。珪垂綠蓋。指日簪軾集旟。光邀
邀題擢。趨（跂）金之下。曷勝顒祝賀。倘藉福曜高臨。快覩文旌
近指。俾得仰山斗於咫尺。尉攀附於調鐵。豈非良遇天作。
有生大快了哉。因寤寐心勞。嵩函肅束。敬候　陞祺。鑒
園潭清福。伏惟　澄照。臨楮神馳。

## 上伍老師書

謹啟師台大人座下 生實不幸寓近豪鄰致以不平之鳴差頭終凶之頌訟蓋虛辱雖忍而實禍必不能容鄰爭可平而祖業斷無可已苟訟 師台維澄俾生得居二天以凌虐之情正不知近來作何狀也然猾糾黨逞毀日肆猿逆則他時尚忍言耶生所謂實禍非虛者此也而推原厥故祇為爭洲起見夫朝廷徵輸不外糧冊而民業之多少只無與夫土名畝數清於是乎在焉即首墾何年崩報何屆實在若干虛賦若干亦必有確鑿注明然若民間約契或可偽造也於

劉姓所供九十六畝土名大溪墈者試問該房胥吏查係何
户徵輸此等已屬積佔奈何復將濟隴裡蜀字生豈窮弱無
安忍以百年祖業拱手而授之他人也哉彼且有辭也曰生佔
荒二十畝也獨不思弓袋坪放荒五十八畝之處即生舊崩陷
土名芒園等業而此余姓揮壓之禍劉家尚且代爲抱憤
何今日全荒盡佔轉復欺誣漭甚耶現在該處浮聚綿亘
數百畝以弓袋坪爲左外耶以園佔者爲何人以爲左內耶
以所誣生佔種者總二十畝而月師台語勘豈未文實錄明
形勝睍之以弓袋坪之左內左外與夫應內應外無理無勢

均不越　師台明鑑中也以面諭云着差詳繪總圖一統通丈
按給此周詳公正之思實久遠安和之計但以生若見擋之本
鄉堤圩一帶洲業西北濱海饒樓界實三縣雜葬各居之糧
中間業不一人人不一姓不下數千百家或一人而數百畝地
居之或一人而數十畝地有之又或少而人各數畝替居之且即一
人所有或散見各戶徵輸或分隸他邑糧籍若一併通丈勢
必令彼此各按糧戶人人盡出糧業認業總清實在分曉繁
瑣之餘曠日持久不惟　師台未暇驟理生亦不敢以守故之紛
擾重費　師台精神也況現在遍洲長房甘蔗尤有難於

用丈地倘蒙矜恤賜之仁乞賜簡便之法吊出兩家粮冊查
明蔭根期屆以及土名畝數核訊之後即就該處浮聚丈
補原額餘地一併樹界存為袋坪定案既釋兩家之訟亦
知待歲月之需　師台冰鑑霜威既明決之共服生且銘肝
刻肺年肆業之有終五前月糾眾搶毀之事茲處既往實
為難堪亟否措置均出　台恩生固不敢復贅一辭為紀
蓋恐違處目前討臉計也居發暨豪鄰於將來耳且亦等
使里鄰見地訟為此橫遂付之無事茲曰搶毀仍与不搶毀
等也費日益慘劉日益橫矣君聽之是哀痛之音迫切佈

陳○許乞　蔡鑑○再拜以公門清謹○不敢頻瀆○而慕悵所觸○時
復不能自已○前月十四日嘗陳固陋○敬獻鄙語一闋○希示可
教與否○近因公務頻冗○不敢上請○未審嘗賜教否○倘幸閒
示○近前尚有詩文數首○并祈校正○惶恐待命○伏候　幸照○

## 上伍老師書

得拜師型。深攄夙歎。归途雀躍。喜不能言。窃嘆松柏蒼姿。積歲彌茂。茲久案牘。不見勞形。知鴻鵠千里。小鮮詠不足言也。所恨門生窮蹙。餬口四方。經營之饑鷹在籠。莫問四海風光。并獲朝夕程門以典型之經濟文章潤鄙人之枯腸朽質每念春風庭下感乃銘心至如季子囊中謝雅重蘭何哉然而纖利小林業入宗工之府負天大力岂吝援拂之恩方今秋桂將開。人結天香之隊。春華結放。士競杏苑之遊。垂以銓選出仕途載闕。茍昂霄之尽志。既守拙以自安。而生以家。食。親老。

莫免不孝五三心急迫遽誰分指困之一是以計偕在即糧糈無
聊思將株守蓬户將慰所望而無送念即慷慨燕雲若利攸往而
不足司馬遷云人窮則反本故勞苦倦極未嘗不呼天也今生
辱在門墻幸依憐覆則　師台乃門生之天而已矣近拜　道
範欣受訓誨知師　師台之於生形之遠而愛之深也故敢
歷瀆至此聊以當呼天之一訴焉　師台其以為深罪否也

上南興海防李老師書

六月間，侍聞師台到省，旋上憲委辦總局，南內數歸實深遙想。越本月初一日，生由家抵郡，驟聞師台臨漳，雅躍足下，正擬肅衣就拜，而師台已赴興矣。此君命不宿於家之義，亦師台不懈於位之節也。未獲瞻就，不勝歉仄，謹印肅東，敬請陞祺，伏惟萬福。

上李老師書

夏初睽違。倏更寒暑。恨生以舌耕餬口。不獲朝夕。左右時奉師型。又不能嗣聲昂霄。大有所為。以副厚望至意。愧歉之久。憂勤難安。茲者一陽方復。特縣書闈。生豈首植。忽馳妄想。且本要親隨侍。希得萬一。以娛晚景。現方拮据行裝。約於十一月中旬。與豐順鄭家蘭、海陽吳化龍、兩老屆訂伴長途。萬里追隨。殊疏 袁益。禱乞赦宥。伏惟 慈鑑。再者海邑風俗。自七八月來。奪債擄人。劫掠蜂起。不僅械鬭之終已也。生在郡寓。目擊情傷。因念士人讀書。異日得叨一官一邑。常思

惠及他方。豈於身在梓里之鄉。親見習俗之害。而獨遠宦長以
憂。遂乃不自揣量。倡行鄉約。已於正月二十日。會同在郡紳
衿。僉赴道憲府縣遞呈。深蒙嘉奬。而 親察胡公尤日
夕延見。頻承倚仗。現在各鄉都陸續舉充約正。諒可少有
裨益。至於械鬬搶劫之風。則二十餘日來亦已漸次斂戢。視前
此鄉氣寧日。大有間焉。但生方京行期迫。恐此後無能終其
事耳。謹此附稟。統俟 鈞裁。并請 近祺。暨 闔潭
清吉。

# 上李老師書

某稟老師大人座下○自拜鈞顏○深受訓誨○猶憶春郊聆問○辱嘗推食○即席談言○並示讀書之法○作文之要○且垂以課稿審閱爲勵○知師之期望於某也○實遠且大○某出駑鈍○不材○忝在門牆○亟承眷切○豈敢自棄○乃年負 師恩○於窮退而自省○德不加進○業不加修○爲感爲愧○彌日旁皇○思所以一陳致此之由○然于妄瀆清聽之咎○而今年不能不陳也○誠慮疏庸之餘○前途不復可望○將來沒沒之無聞○無以副期望遠大之心○轉使 師台求之故而不得○所以某謹困之罪○可勝言哉○夫有志之士○勤思學問○求

以民見於時。貧富不足縈其懷也。故孟氏曰、無恒產而有恒心者。惟士爲能。能惟。之爲言所以恒心。豈不敢忘而其堅持於窮苦饑寒之中。有能之安危而不移。自存於此。而不免所已卓矣。又安移撐臂進身於聖賢之域。以得其所語遠且大者安。某自祖父來。且耕且讀。願所耕非特富人之田耶。自願所以四壁而已。求爲簞瓢陋巷之子。尚以郭外之田不可得也。於終鄰之鄰固守。不敢苟榮寵祿。故心未嘗不爲天喜所惜。不至大以所流離委頓。而其且旋以弱冠之年得遊 哲匠之知。實出非望。敢更忽於富厚之想。而特不喜坎壈迍邅。其嘗某以處我艱迫之境者。視從前而若彼甚也。所言是近者。自甲寅春起。一妻、一妹、一嫂、一弟，均當少壯，相繼病亡。慘目傷心。正在痛切。而八月十五。洪水且決堤矣。乙卯初夏。飢饉且洊至矣。今年閏六月念二日夜。洪水又決堤矣。壁立之家。叠遭炭。益以連年水患。家室漂蕩。歲多不登。薪貴於桂。米珍於珠。嘵嘵者十八口也。無古人下農之田。而倍古人上農之食。惟此舌耕。何以濟。嗟嗟。父母皤皤白髮。雙親在堂。饔飧菽水。支吾僅給。某縱不爲家人計。獨能不爲老親計。安此時而欲勉強擺脫。究無心以肆力於學問之途。其可得耶。若今日之學問大都為科名耳。欲其以古人反身克己，求底實用者之難焉也。要以專欲專心致志，胸無繫累者，必不能精於其業。蓋科名出於文章，文章必本於經傳之淵懿，子史之宏博，旁及秦漢唐宋八大家之古文。有明國家以來，雖名家之時文浸淫而渟蓄之，然後因其心得，作為文章，庶可發揮義理，成一家言。上繼前輩淵源，下存讀書種子，而反身克己，實用之學，亦可由此而泝流以上。否則空其腹，而為之締章繪句，浮沉於俗學之場，縱使倖躐捷獲，適足彰其庸碌之名，供人譏訕之一笑而已。由是以觀，於今日之學問，固欲專心致志，胸無繫累者。

不能精其業也而以某今日之胸其能無愧累否耶心不可
得而志志不可得而致也而尚何望耶稚年某庭訓素嚴
自總角時即教以成家之學其為六經諸史以及詩古文詞課
習之下累年矻矻並不能一一通曉我嘗竊觀鄉鄰即早
歲弋名頗為外間友朋所許與不至與苟且浮沉之輩等追
於時況且家業並舊家教維厚當俯仰不足惟是澂廬風
雨蕭蕭岡愛凡未備風流致舊資緣于謁與一切寡廬鮮
融融之事繇繇不為以嚴硯田而外別無利途舌耕之餘祇此
技計家所以益窮也而品亦卑以不壞所以某　內省諸己外參

之人。而僅僅道自勉其進也。於將前途之遠且大也。某識不敢後望也。而至也。生平未所自勉也。終向不敢以此而自棄也。特未知窮愁之境也。且所困於某也。何時稍應寬假。俾得專其力於所自勉之途也。以上副　師台期望之心。而兩答祖父篤學之意也。瑣瑣之情。不堪上瀆。以　師台覆翼之深。有情於中。忽鳴於口。或不以應酬耳。而曉得通之也。所幸矣。外附近藝　篇。五七言古近體詩共　首。奉　閱。希俟公暇。賜之斲削。或因子便發回省覽。臨楷翹依。不勝惶悚之至。

上李老師書

门人英某敬禀 老師大人座下。睽隔 師型。連年弥歲。因在京日羈寓 天壇。於鄉井來往人少所通問。是以無從修函肅柬 玉 老師大人鈞前。敬請鴻安。負疚之多。日夕惶恐。憶庚申歲暮与 生雲世兄。連行北上。長途跋涉。旅次維艱。幸以同伴多人。性情各出。於世兄日用間。生等不無疎闊之處。統冀 鈞恕。一并赦宥。当时舟抵南京。世兄即渡江由浦口起旱。生於去年二月念五日始入都门。迨酉榜下第。生以家居八旬老親。即擬旋家省侍。因飽雅堂老师諄切勸止。不得已勉強留京。以圖

壬戌春闈。乃喉挫出句。而未額依然。鮑雅堂師亦不幸於本年正月

初三日棄世去矣。以生不才。辜負　師訓。罷真不可勝言也。自

四月二十日出都。已於六月廿六日抵舍下矣。肃此佈陳。敬請　老

師大人福祉。暨闔府清吉。伏惟　隆照不宣。

與海陽周邑侯論鄉約書

承 道憲暨 父臺批示。諄諄以設立鄉族約正副為諭。查約正副自明宣德年間。徽州太守王源。及正德年間主簿季彭山。均嘗舉行。各處成效。宜民善俗。莫逾於此。但某籌思革弊之術。更化之機。方今鄉俗。悍者自肆。善者畏權。勢已積重在奸民。而良懦之家。莫敢誰何。若欲舉行約正。其端謹誠樸之人。既有所畏避而不敢出任事。其豪強豺狠匪類者。又恐付以事而不免生事。且奸惡之徒。所在多有。現劃出城數里外。莫肯搶劫。路無行人。倘能之頭受其刑者以喪其膽。彼既罔知所畏而悍暴依然○縱之一二義憤不平○思將綑送○而未敢驟攖其鋒○蓋恐縛虎不住○反致身受其害○此時約正副之猝難舉行而合目前所見不及待者也○某等竊以爲將息兇暴之風○必先褫奸民之魄○乘現在衆紳衿呈行鄉約之時○迅將近來已經擒獲監禁之陳阿貞等○皆劫盜慣惡積案如山○罪在不赦者○當重吊出嚴加踏刑○絕他水飯○三數日間○便可潛斃○既足快平民積憤○又足使未獲奸民聞風而相與警惧○隨即稟請 道憲給示○明諭各鄉衿耆○速將慣惡害人○不可姑寬之輩○陸續綑送○以憑官法照依陳阿貞等嚴刑究處○其械鬥未經結案之

鄉○名許其身家結○就真實兇犯○及素為奸惡之徒○按名綑送印將其身家之被拏在案者○概行摘釋○如此則奸惡之徒○既因陳阿員等之殞刑受死○而除其所戕○至各鄉衿耆○亦曉然於官長之決意鋤奸○不至為身家有身家結之累○而得以行約束於族鄉族之間○某等一面刊布鄉約○廣宣 列憲除暴衛良至意○然後約正副斷次舉充○而極敝大壞之俗○可由是轉矣○

謹此縷陳○伏候 電核○

外附刼盜慣惡○并開鄉邑之爛匪姓名○法一時驟難擒治○然可由內單密差幹役○有意無意之間○不難承票執張○隨

时伏拿获○更以重刑○警示乡众○不匝月间○必将潜迹踪敛迹○地方可靖矣○

已上所闻惯恶一纸共五十三名多係巨族凶横猛骠难擒获惟现刻马洋山富家陈阿柑林苏乡富家许捷穿各聚四方凶恶二十多人不分昼夜截途抢掠即某等所语出球数里黄昏抢劫路无行人于世此尤目前汤火之急虞雨更所聚窟穴亦能尽难於擒获之势恳即密差干役乘其不备而掩捕之纵使多盗未能尽获但擒得富家二名亦便可散党息害以存安息地方之要着也

## 上胡觀察論鄉約書

凡事莫不難於其始。而當思以善其終。人情亦莫不憚於其始。而相與觀望於其終。今即鄉約事言之。海邑積染已深。雖於旦夕間。舉報約。以息械鬥之風。於各鄉良實地。久積於懦於強梗兇惡之徒。縮首喪氣。不敢公行約束。茲憲台批照示確。而實事伊始。不能觀望之心。大革弊亦有其漸。而後可次第以圖。全局俾必相其機。而後可振作以收其效。當飭各鄉視其所宜。一二易行而為眾心所樂行者行之。乃古人伐原示信。大蒐示禮之意。是乃所以導其機也。某等初三日具稟。

訪宜申飭縣令。就現獲兇惡。擇其情罪甚者。盡法處死。使
積玩之餘。忽驚鉅痞。又於在案未獲之犯。不時伏拿誘擒。
令其相顧而驚畏不附。正為此耳。即如龍溪都郭隴一鄉。自
六七月來。肆行劫掠。赴愬者至六七十狀。乃族巨兇多。迄無擒
獲。今方撥行鄉約。而郭隴之劫掠如故也。不將此鄉痞行獲辦。
則各鄉安能有所警畏。而鄉約為徒勞矣。此月初六日。縣令
亦已親帶官兵。往赴擒拿。但聞性成長厚。重於用猛。須得
憲台嚴諭。大震刑威。務勒令此鄉紳耆。盡將兇犯綑出。
否則以上月饒平高堂鄉案辦之。切勿稍為寬假。姑示恐嚇

而已。以後君覺。受害者不知幾千百家。即訟者不送。不稟。坐所律惡。亦無得為無惡（罷）哉。痛錫焚之。不惟得從前被劫積憤。抑且振復此鄉約先報也。更望 憲台於某日回。以設立約正了。示諭各鄉。令其陸續舉報。某等亦刊布禁約承 諭催舉。上下公私。相輔而行。各鄉之人。既痛懲於頭受害刑之匪徒。而房惡之檄斂。其良實堪充約正者。亦有以自安於心矣。所用其觀望。而任事之念堅。現大和歸仁此廟西園（閣）等鄉。所在合攻。已約於二十日呈充約正。果其若此。不匝月間。鄉約可行。械鬥可息矣。充約正之人。應歸各鄉族自行酌推。連名僉報。蓋鄉族中不能強弱。其人而能某等所能蔽護惡。听彼因推。此凡事秉持重者固足奉公守法。即不足者。而既為族中所推。必其為眾所素服之人。亦便可任一族之事。況公法立令行。則不善者可化為善。自古用人有使貪使詐之說。在取之有方耳。豈必無一小人參其間哉。海處十八都無限以月內舉報。未必鄉之及鄰。然亦許多安靜之鄉。先行呈充者。理即待以優禮。而加獎勵。其餘相親相法相傳相慕。自將接踵偕來。有未來者。亦必不敢擬為深邪。就令深邪。而隨時治之。為加掃除。亦若種家之和。易於為力、今此辦法舉根約正之大略也。舉根約正後，右就各都鄉族呈充者，彙為一簿。先列誌禁約條規，而各約正副姓名次之。刊刻裝定，鈐以官印。凡舉約正者，人給一本。俾知各鄉族約正副姓名。通比鄰有睦鄰之故。便於彼此知會，互相調息。且可朝夕披閱，藉以警心。各置而存簿一本。以時稽查某鄉某族安靜，某鄉某族多事。分別獎飭，俾知勸懲。書云：戒用休，董用威。此語此鄉此。又舉根約正後永遠遵行之大略也。若夫待約正偉之。亦有可得而言者。方今械鬥劫掠之禍，肆於邇遠。而揆厥所由。昉自廿餘年來。為官長者遏於耆呈首鄉。邇往往轻给乡匪○而持之所波累於矜耆○彼各乡匪徒以矜耆房与为已何也○至有持刀撬门○肆行凌辱○矜耆既乏农长可仗○而遂释放为匪徒何○而積渐之久酿此大害○今於举行乡约宜於房约正其○或呈首匪徒之日○因房情罪甚轻○酌量惩责○不使约正匝与对质○持受诋诬为农长所以待约正其重○彼匪徒自不敢视约正房轻而图受约束○云或身房约正而势居微弱○並有匪徒不敢显行呈首○为宜许以密禀○随由内单差拘○勿用诬禀报张○致生猜嫌○又约正既经给戳○为凡呈首匪徒○及画明地方公所○应用格式

紙。蓋以約正職。方與准例。于他訟務。經約正勸要不循例。公議
庭訓。照常差拘票喚。地保是問。勿一概諉之約正。方不至
刻責太苛。反使人有難於任事之懼。此又將來待約正之
體之大畧也。夫天下事。無全害。亦無全利。立一法。必生一弊。行
法存乎其人。救弊因乎其勢。盖已遠慮深計。豈弥為較
世後行法者繞于流弊哉。某 等膚末之見。本不敢如此
事有成。自勝仰 憲臺範。卑職英辭。難人胸臆。且於庚眾
之前直傾誠悃。于自咎自責之念。有非近來當道所肯出訓于
口者。某 等敬聽以後。於感於愧。積日徬徨。乃信古人山東

布諭悍卒注下○有由然追○今各鄉族闔眾紳衿呈請鄉約
之日○承　憲台殷勤至意○多相與動色感激○乎勢實有
可持之漸○可乘之機○蓋自上月至今○各鄉無大擾攘○視七
八月之鄉無寧日者○固有間矣○以是知民情之大可見○而齊乃
之不可行也○惟憲台操之可行者○斷然行之○更化善治於是
乎○在○大優柔者難與圖功○果斷者足以圖集乃○以　憲台之心函
爲有○方將大任乎難者○豈區區鄉邑細務○不爲憲治以善終
也哉○謹將忍悃以聞○某等不勝悚切待命之至○

# 上胡观察论乡约书

凡事莫不难于其始而尤当以善其终。人情亦莫不难于虑始。而相与观望于其终。今即乡约事言之。某等或籍隆邑。或籍兴邑。或居郡城。兹各乡好问何至祸及某等之家。颇会士人读书。所虑何事。异日得以一官一邑。尚思惠及他方。岂其身生梓里之乡。目击习俗之害。而独遗官长以忧。七八月间相言及此。愤懑填胸。以为此亦缙绅居乡之责也。遂乃不自揣量。倡行乡约。上月二十日赴 宪台及府县递呈。其时各绅衿生监来郡会佥者不下五六十人。来稍晚而未

及与金坳○尚一二百人○某等見衆心踴躍寫本此事之可行也○
復蒙　憲台札接殷勤○面加論教○念二日即奉批發委
以設立鄉族約正副用勉勵○某等見　憲台眷眷於此○蓋以
為事在必行○月餘以來○雜還勞頓○並刻設計經○而讀書之
功棄違○及高才當商確善計○以副　憲台深心○惟是海俗積
染以深○非旦夕間條根約正○以息械鬥之風○並各鄉良
實地久積懦於強横○兇惡之徒○縮首退縮○不敢公行約
束○並　憲台批示明確○而憲為伊始○不能觀其之心○大革
弊而並無徼○而後可次第以圖歸金○易使無相無機○而後可

振作以收後效。当蒞各鄉視肆之時。取其一二易行而為眾心所力行者行之。為吉人伐原示信。大蒐示禮之意。是乃所以導其機也。某　等初三日具稟。請宜申飭鄉主。顯就現獲兇惡擇其情罪甚者。盡行法辦。刑使積玩之餘忽驚。錐痛又在左案未獲之犯。不時伏拿請擒。令其相顧而驚。爲不馴正為此也。即如龍溪郡隘一鄉。自六七月來肆行劫掠。赴憲者五六七十狀。乃族巨惡多。兇多迄未擒獲。今方擬行鄉約。而該族之劫掠為故也。不特此鄉痛行。服亦時各鄉安頓其所徼。首而鄉約為徒勞矣。月之初六日。鄉主亦往視。草帶兵往

赴擒拿。但恐性既長厚。委於用猛。懇 恩飭下屬諭大震
刑威。勒令該族衿耆。將先犯綑出。否則。以上月饒平為當
鄉案辦之。旨勿稍為寬假。姑示恐嚇而已。此此惡族。受害者
不知幾千百家。即該族衿耆。不送不稟。坐硃律惡。豈得為無
罷字哉。痛鋤芟之。不惟綁送前被劫積憤。且亦報復此鄉約先
殺也。更望 憲台於三五天內。以設立約正副。示諭各都。令其
陸續牽根。某某等亦即於三五日內。刊布禁約。承 憲諭限他
月內陸續牽根。上下公私。相輔而行。各都鄉人。既痛懲於頭
受屢刑之歷遂。而為惡之機歛。其良實堪充約正者。亦其以自

安於心○業所用是觀之○而任之之令堅○現大和歸仁此廟西岡等鄉○所在會議○約於二十四呈充約正矣○由此觀之○使各司其事和睦合力○不匝月間○約正副可舉○而約鄉約可行○械鬥不可禁耶○至充約正之人○應歸各鄉族自行酌推○連名公僉報○蓋鄉族中之強弱○其人品行某某等所熟悉○雖彼自推○亦未成重任者○固是奉公守法○即不致恃強而況其該族所推○亦必是其該族素服之人○亦使可任該族之事○況其法立令行○不善者且可任而其善○自來國家用人○使貪使詐○在君子取之其方耳○豈必業一小人參其間哉○且海康十八都○各限以月內舉報○未必鄉

鄉約期。務在安靜之鄉。先行呈究者。重即待以優禮。面加獎
勵。至餘相觀相法。自必接踵而來。即有不行舉報之鄉。而鄉約
正就筆報者先行。彼不行者。亦不敢於寄滯了。就令從了。而隨
時治之。痛加掃除。而若被革家之弟。易於為力矣。此漸次舉
行鄉約之大略也。至舉報約正副後。君就各鄉鄰鄉族約正
副姓名。彙為一簿。簿之之先。列諭禁約條規。而約正副姓名次之。刊
刻裁定。蓋以官印。凡為約正者各給一本。俾知為鄉族約正
副姓名。遇比鄰為角口了於。故便於彼此理會。互相勸息。且可
朝夕披閱。警心。不至為文告粘於壁上者之日久易壞也。另各

罢存案一本。以时稽查。某乡某族安静。某乡某族多事。分别奖饬。此又举根约正设永远遵行之大略也。若夫待约正之体。则又有可得而言者。方今械斗劫掠之祸。肆于匪徒。而原则因二十余年来为农长者遇绅衿及凡有身家之人呈首乡匪。往往按治乡匪而特有所波及于绅衿及有身家之人。彼匪徒以绅衿等为无如己何也。且有持刀撬门。肆行凌辱绅衿等既无农长可仗。亦遂果无如匪徒何。而积习之久。酿成害。今欲举行乡约。宜于为约正者。或呈首匪徒。则因其情罪轻重。酌量惩责。不使约正面与对质。是农长所以待农约正坊重。彼歷遠自不敢視約正爲輕。而甘受約束。爲或身爲約正。而勢居孱弱。且居歷遠。不敢顯行呈首。必宜許以密稟。隨由內單差拘。勿用該票散張。致生煩擾。又根究約正坊院食給以職。必凡呈首歷遠。及稟明地方公事。應用格式紙蓋以約正職。方許准行。至或婚姻田土等事。經約正劾覆不息。許之公庭。坊爲間差拘票喚。應歸原差地練。勿一概諉之約正。方不至刻責大苛。反使人居難於任事之惧。此又將來待約正之体之大畧也。總之天下事。無全害亦無全利。立一法。必生一弊。行法固存乎人。救弊因乎時。且居遠憲。須許不踰爲彰年俊

行諸於保民當弊也。某等霄末之見，本不敢正此，乃民求自接
憲範。卓識英詞，時數胸臆。且於廣衆之前，直傾誠悃。民目
登固責之旁。居紀近來嘗逢所肯〔防〕出諸〔貫〕口知。某等敬聽以俟為
感為愧。積日傍徨。乃信古人山東布誥。悍卒從下有由然也。今
各鄉族閭衆紳衿呈請鄉約之日。承　憲台十分殷勤，多相
與勸勉。感嘆。民務實民可轉之機。蓋自七月至今十餘日，各
鄉無大擾攘。視七八月之鄉無寧日者。固民間無以是知民
情大民可見。而此乃之信可行也。惟　憲台採民可行者。斷然
行之。更化善治。於是乎在。文優桑梓難與圖功。英發者且足

敝敗○以　憲台之英斷○方大量之任之難量○矧區區之方邑細務哉○今日之事○所仰賴於一人而已○謹此擬陳○伏惟　鈞鑒○某等不勝悚至待命　至○

又上胡觀察論鄉約書

某自九月內○因豐邑舉人鄭家蘭海邑舉人謝夢春呈請鄉約之○原因倡舉始末○及如何振充約正○與立約正後永遠遵行等大略○已於十月初十日具稟 憲裁○並加獎勵○且戒以司之者不宜自立異同○方可冀收成效○諄諄至再○敬佩韋佩弦○無為人情書已甚多○要云甚少○用於國家○小人道之乖執○或狗私或負氣○或貪功○或貽禍○往往不顧公之大體而執獨斷禍心○遂使決裂潰敗○之無益而且有損○流連史書○可勝慨嘆○不寧今日一州一邑之之○而亦有此糾纏○思立門戶者○友某以豐邑書生○授讀

郡地。能爲民社之責。能爲切身之災。特以目擊澆風。冀分憂於官長。遂乃不自揣量。倡行鄉約。紳衿輻輳。列僉具呈。以海峯人鄧耀法年稍長。而推爲呈首。遞呈以後。法見　憲台十分殷勤。予在可行。以修諸爲私己爲功之想。一切呈約稟啓。盡出某手。未嘗不就法請教。乃廣衆之前。法既毫無可否。而情設嘵嘵。祇乃扶長負氣。頤指倚勢。詬詈多端。某悉隱忍受之。冀以成此云乃。誠不敢以所較者小。致所失者大也。詎暮歲届期。春闈伊邇。某與鄭謝二舉人。已刻日京行。萬里迢遥。不得朝夕親受　憲台諭教。外間惟法一人。彼頗乖執煩瑣。倘依而行之。將恩遠濟紛更。無濟於事。異時鄉約無成。頹風莫挽。且使各鄉族閒。追咎倡始者之多事。此時某之所大懼也。故即法所出獨出胸臆。不協衆論者。一二處 愚台陳之一在派銀錢以充費項。語每鄉每族。各派銀數元。存留之以給講約正。夫各鄉械鬥。大抵從利起見。今必語與以銀錢。方肯出任約正。是以利誘之。而啓其爭機也。蓋論鄉族推舉約正者多。端方君身家之人。不屑醜託向司事者受此繁冗之項。即使見害而來。則既以利為之。勢必歲歲續派。以給百千約正分兩。一日無本則約正必不肯任何也。為利而進者。將以望害而退。況其科派之錄。必將有許多推私已其流。藉端加派。而各鄉族間擾擾之狀。將不堪言。害恐此議一出。各鄉皆以目其爲藉此營利。求行而倖先矣。此其不可者一也。一在立賞格以示獎勵。語先將不械鬥者獎賞。以勵械鬥之鄉。大設重賞以招將來之爲善者。如府並所立之賞格。則可。先厚賞前此不械鬥之鄉。則不可。海邑十八都。鄉以千計。械鬥者固多。不械鬥者亦非少。賞之可勝賞耶。或賞或不賞。則不足相服。而亦殊何可倖耶。且鄉不械鬥。亦是保全身家。分所應爾。何道而賞之。況鄉約果行。則前此械鬥之鄉。後日即爲不械鬥之鄉。豈不又將私心窺計。相與冀幸於得賞。

而猶坐於不得賞耶。目前出之。遠煩費甚之費。異時例之。且生徼倖幸之心。此其不可者二也。一在懸賞格以勵地練。諸備之以利。地練方肯出力實力務緝匪徒。夫地練身充官役。務緝匪徒。自其本分。何必於賞。又安得許多公項以付之賞之人之賞之。且應地練者。半出狡獪嗜利之人。未有不與地方匪徒互相勾串者。多賞之。之時費難給。而賞之時地練之受餌於匪徒者更多也。又安肯受其戳之賞。而務緝匪徒。以自絕其不竭之厚利耶。況鄉約果行。則銷戢匪徒之權已歸約正。而何待勞之於賞地練為。此其不可者三也。一在合通鄉以報約正。諸所就一鄉中鄉鄉各集○同日呈充○方准給戳○夫鄉保紛爭○彼此乖違○為日已久○趁今撥行鄉約之時○但使人心踴躍○隨其所在或先或後○次第舉報○即時給戳○由少而多○由近及遠○相觀相法○自將接踵而來○今乃將各集通都○總准舉報○則一都之中○大者五六十鄉○小亦三四十鄉○以久相乖違之俗○欲其彼此和一○刻日呈充○勿論日長道路無胥僕之往來○且人安能翕然相從○合數十鄉之眾○以一家之人之呼而即集聯識○由斯言○恐明年此時將求一都之舉報而不可得耳○此其不可者四也○一在指署名而務強舉○謂就各鄉族中為外間推信之人○即着該族舉為約正○夫

立約正以任鄉族之事。但所云能服鄉族之心者而听其自行
幹才備。則老成推重者。固足奉公守法。即不甚老成推重。而
既為該族所推。則不但該族所服。亦便可任該族約正。況天
下事。理中者勢。莫論各鄉族人品。能於閭所致尽讒。即使讒
其為人。而族中強弱不同。強而舉（為）之。其於該族不服何。不服。
則虛其約正之名。安所得收約正之益乎。此其不可者五也。一
立責生監以肩舉報。語其不舉報之鄉。即注為玩鄉將該族
生監記名。詳作文。註為玩鄉可也。即詳作生監則不可。蓋
行法必以其漸。若朝廷布法。亦難使旦夕間驟出於一。但使

各鄉不拘定日。不拘衆寡。陸續根究。即屬未根究者。姑且置之。倘屬安靜者也。固與立約正之鄉者異。或屬滋事也。則嚴懲治之。彼亦終不知所警畏。而同歸於立約正之一途。今擬詳作生監。屬通族舉生監可作者。將責何人。即令生監而或性成懦鈍。或勢處孱微。並擬屬約正而力不能周至者。予以詳作。乎受枉可勝言耶。此屬不可者六也。凡此異議。參之衆論。無敝以屬是者。某竊感之。即如上月十五日職員黃兆銓。帶同歸仁都等十餘鄉。呈充約正。並兆銓以一職員獨攬闔郡之也。且又不無私心。雖免干犯衆怒之處。然從此以後。勿許兆銓擅自多乃可也。遂并呈充当约正十余人。家禀勿给戳，明各乡保因此十余人之呈充，见禀而相与废然不前。某殊不解乡约何时得行矣。方欲招之不来，忽又屡之使去，令各乡族疑且反覆屡定耶。岂不惜哉。某 本书生，未谙民社，亦计而窃念因时立法。不外土俗人情。然可安遐陬。见上月初十日具禀已蒙宪台发县采行。讵复琐琐上渎者。良以舆论异同。倘不明示披陈。明是非得失。无以去混淆而折衷于至当也。 宪台炯鉴为神。必不至为谬说所惑。於某既不自揣量而倡此乃於前。凡所闻知。敢或阮默而不思尽言於後。况规样现已累具呈来

獲收未效。而自九月下旬至今。械鬥之事。無不聞報。此紀　憲
台威振發。何以是時是事之不可行。昔以不可行之事而
紛紜乘執。不思實力奉行。虛負憲台至意。頗不甚歆。支理
小事宜為大事。治一邑猶治天下也。簡要則易就。煩瑣則難
行。漸次則日起而有功。束縛則操切而多敗。伏惟　憲台就今
日之事。審言事之人。可行者斷然行之。否則斥而置之。勿使徇
私、負氣、貪功、圖利之輩。假托其間。則至明足以應變。至健足
以是功程功。何患鄉約之不行。頹風之不挽也哉。至所呈閱禁
約八條。不過綜厥大綱。條陳中所列。為此便是。其他纖悉規條。

應該各鄉族隨其時地風俗。自行酌禁。不必預為概定。及近瑣屑之端。某竊以為此外別無可限成議也。懇恩申飭縣主。令其於各鄉歷遍。其該處拿。各鄉約正。隨時諸充。准依前稟大略。次第措理。要諸永遠。是為區區倡行鄉約之心。所願拭目以觀厥成者耳。

再稟者。某及鄭謝二舉人。俱已約於本月中旬同進京。此後分間勸理鄉約諸事。奈之眾論。惟海邑舉人楊捷。云正能品學並優。素為鄉族敬服。以之勸理諸事。實為妥當。倘

大人已有見諭。希即傳楊舉人赴署。面加褒示。某區區之心。

惟思上副　大人属望至切。甚惧外间纷纭乘执政之败乃云孤。胡敢筹及将来处理之人。敬此附禀。伏候电示。

## 又上胡觀察論鄉約書

昨承 諭處引歐文忠信義行於君子，刑戮施於小人之言，實今日舉行鄉約之良箴也。月餘以來，所在人心踴躍，相與議呈舉報，乃至今尚遲遲觀望者。祇因上月十五日，歸仁、大和等都有十餘鄉呈充約正，既承 府憲賜立匾加獎諭，忽於中止。概未給戳。是以群情疑慮，固所謂。況各鄉喧傳邸舉人乃稟請府憲，欲令各都內鄉之各齊集同日呈充，方准給戳，不許陸續先後舉報。又欲就未舉報之鄉將生監注學詳革，并不許該鄉子弟應試。因加此益加驚畏。立約正所以行鄉約，行

鄉約所以敦仁讓○而厚風俗○惟當誘翼獎勸○導其欣欣向
善之機○苟約正陸續陸充有未舉報者○應且婉而置之○徐觀
其安靜與否○若鄉安靜無事○則與立約正之鄉何異○若其滋事○
加倍懲治○彼亦何辭○今不問安靜與否○祇以責成功於旦夕○一味
報充○遽詳充斥該鄉生監○不許他子弟應試○某竟不知其犯
何罪名○而得為此重罰譴○是束縛而操切之○適以阻其向善之心
而已○豈能啟其入而閉之門哉○恐朝廷之法必無此急遽苛刻之
律也○而舉報者難怪其遲遲觀望矣○某昨日具稟○已詳辨之○
猶恐未盡區區○故敢復行瀆懇○飭縣立迅傳上月十五日

呈充之約正十條人。當經褒諭。立與給戳。并飭縣胥不許勒
索分文。以後勿拘定廸都各所時集。隨時陸充。一面飭正邱舉人
詳行生監。不許虛誑之言。遠播都鄉。庶幾眾心釋然，固所疑
畏。又 憲諭將杜楊奉人外。酌多一二勷理之人。某退而訪諸
眾論。大約各紳衿中。能閉門自守。即城府在胸。某 又公議期
屆。恨之公車。甚難躧得其人。輾轉推求。惟東廂生員梁行
簡之父監生梁肇晰。頗為老成有幹濟。次則在城優貢生
張瑞寧。生員鄭昌時。亦當其才望。足備勷理之人。以此
任。應不負 憲台虔望盛心耳。敬此擬上。伏候 電核。再

閩縣書近日誘擒得慣惡黄和平一名。查此惡係沙洲鄉游子羅魁。凡沙洲鄉械鬥搶掠種種兇横。皆此惡實糾爲之。某於十月初三日密稟。已列該名。現被擒獲。罪在不赦。該收此慣惡。倘或徐定兇擬。潛斃縲絏之中。則終未足快公憤而塞兇頑。懇再飭縣主查明黄和平一名。如係械鬥案名在兇身。固不必以兇身外結。以脫名於兇身之外。即直以劫盜慣惡除之。當堂吊出。踏刑處死。俾衆目共見。衆耳共聞。傳而遍之。方足喪兇頑之魄。而使革面以洗心。至郭阬一案之罪魁。爲郭阿野等。亦所以是法處之。殺一警百。亦可裨於轉移風俗之機不淺也○夫人能不仁○詎敢故存忍心啓良民以殺之之意○相時用法○因德施威○不若是○不足以挽澆風於古風要耶○一併附京○統惟　鈞裁○

上胡觀察論戒賭會書

鄉約事。頻勞憲心。今大勢已辦。然閱兩月。無復械鬥之事。風俗漸就寧靜。此皆憲台以剛斷爲慈祥之所致也。亦見天下事。苟爲理所當行。相時勢而勉行之。未有不效者。至設立約正副事。並未各受命爲鄉耆。而各司事所在敦促。各鄉族所在會議。大約月內外。必將陸續呈充。可無觀望不前之慮。甚至觀望不前。不過一二家。僻之鄉雖辦。牽根而難於得人。若大勢已清。法立令行。此一二鄉者。固無足輕重也。惟是立約正所以行鄉約。行鄉約所以戢匪徒。而其要在地方官之廉察綜核。法既與以可畏。情又示以孟子○方足使群衆齊心鼓舞不倦○於鄢陵鄉一案○本縣王親帶官兵○往赴擒拿○真有火炎崑岡之勢○其族巨兇多○孰敢玩抗○迨後以未獲之兇○委差守拿○其中不無賣脫情弊○得錢縱○無錢擒○以致人心不平○各鄉喧傳其拒差之事○較之然奉法非人○目生弊竇哉○懇即傳諭縣主○務主合嚴飭胥役○通凡承差○毋得無爲私圖○致壞公事○且夫匪徒不戢○則鄉約徒其虛名○今　嚴威所布○各鄉都日見斂戢○惟有桂都之銀江鄭姓○東風陳姓○數十成群○動就附近小鄉○白日強劫○雞豚牲空○鄉外田園稼穡○則隨時所攜○於同己物○稍與齟齬○即以所執

械器。律行僞殘。至两鄉所稱至身家也。大半陰為主继。坐受斥予之利。隔河即係隆界。現且蘇越界境横行。日肆威劫。而東风尤甚於鯤江。附近小鄉不下數千。為在水火之中。不在此两鄉。速行訪拿懲治。則玩心日滋。尤而效之。恐不独此数十小鄉之受害已也。若夫秋溪東廂等鄉。則又尤甚。可危可惧之予。查目前地方賭术之術。名曰花会。開此会者。為首多人。張秀谷衙署。用不知何來之鬼名。凡三十六。日摘一名。另紙默書之。以萬金不辭一文不却八字。號召四方人眾。往赴投錢。凡投不拘。不論多寡。不論男女。各用己意揣摹。就三十六鬼名中。以意所欲投

○其间一单。写所投某名钱若干。并自己姓名、都图、籍贯。交与会首挂号。待人众已齐。即对众发其所默书之鬼名。凡投钱与此名合者。每一文获偿三十文之数。否则尽为会首没之。其中秘诡秘百出。情態万端。不知何術。竟使人心迷。因梦想神驰。每一开会。则远近百十里之人。男妇老幼。日夕奔波。棄其業次。至於典衣質物。蕩產破家。而迄不知悔。先时不過福建地方有此异術。今年以来。渐入饶平界内。為黄冈坪溪等處。近於本月初旬。秋溪都安埔乡亦开此会。都里汹汹。人心遑遑。现於饶平之隆都。海陽之秋溪、東厢、江东、及往墟期聚所在期聚閙。惟思往会拔錢。此風一起近墟浸淫之久。不遍入九鄉。匪徒害於地方。嘗細訪哉且聞此会均將亦為邪術焉。聞匪徒会首均甚获厚利。因而狡黠之徒。思入匪党入夥必以本身姓名年貌生时日月。柳圖籍冊。遂一開付此匪姦果何居也。安知所潛聚匪党。設法誘眾之徽機哉。新溪一鄉接鄰連饒界。久染痞建天地会邪教。而官塘鄉尤甚。特以 憲台嚴令赫赫。未敢決裂耳。今復聞此邪局煽惑人心。日夜召眾。群聚為亂。由此嫌人往來。生端不測。當恐以賭錢之故。破人身家均匪害猶小。以潛聚之勢。盤據滋蔓均匪憂實大。也。是宜飛諭縣主。並飭沿塘鄉保耆。勒令散去此会。或印簽差役拿。以消奸萌。倘徒党聚衆。敢於抗拒。即会同官兵圍擒。庶兇悉併可清。頹風日靖。而 憲台作新斯人之德。長與韓水韓山並垂不朽矣。某謹稟

上李吉師書

睽隔師　師座頓更歲月憶去秋鄖謁時覺　師台耳疾頗
異常時退而思之以為此勞心之所致也蓋心於五行屬火而耳則
金也火太旺則金為之克心太勞則耳為之傷意或然歟已
閲歲月想久無恙但恐　師台之心勞勞此尚未有已也夫士生
於世處則以聖賢自勵以名節自砥出則為君國分憂為
民物造福何能勿勞顧勞而不同居得為之地乘可為之時展
布設施惟志所立無牽其肘無抗其才若是則益勞而不害
其心亦寬且濟於事　師台視今日此以為何如耶即以鄖郡論

之。年來民風日見奢侈。海瀕揭竿聚族械鬥。無日無之。且有一日而數處。殺傷人命。多者十數。少者不下二三。不寧惟是。凡兩姓械鬥。距數十里內。有同姓之小村落。族大者即掠白晝圍鄉。財物盡行劫去。雞犬亦盡一空。甚亦放火燬屋。廬舍盡付灰燼。民中老弱婦女。被擄被殺被傷者。亦復紀一。為害情形。所在訟結。結率怨毒屬之。悍不報官。即報官亦不之理。即好理。亦若聽民理者。師台思此景象。其以為何如耶。而所稱監司郡守者。不惟半籌莫展。且亦毫不在意。惟彼此飲酒自娛。日相忘於逍遙於之鄉。且倡民糊間糊神賽会。耗財物。亦憂勞。

並與前與彼各村落被劫掠者。群聚歸寃。不顧也。為此懇
恩。勞師遲聊。　師台思此等景象。㕥以為何為聊賴而　師
台所固不能不勞者。生知之稔矣。不勞必能。　師。台之心不勞
而能。居恩之義弟或可斟酌出之。寄滿洒於揮灑之中。
庭勞而不至過損其神。所區區之心。所寄願為師　師台型
者也。愧生營。㑇口弗獲經畢。時候起居。負罪多矣。本年
春館仍依郡地。已於正月廿六日開學。威念　師型。時縈心
曲。肅具芜稟。藉請　崇安。并呈近作感懷絕句　首。
徽於中。遂狂於口。在　師台所或不深怪也。伏惟　隆鑒是

## 与張克復書

僕之於足下也望之深而期之遠足下亦知之否耶然以足下之固
視正未審將居何等也古之所謂讀書者以明此心之理以達天
下之事由是以為聖為賢而已不藉語言文字之靡靡也然而
立言可以不朽固有文字以來辛苦之能易焉況今之學為科
舉者如大清之所以主人材出於科舉之法然以文字取士然亦
必貴明於理而達於事然後所言乃能大而能奇切而不浮蓋由
平日所以讀書者況潛於經傳之間馳騁於子史之際凡夫天
地之所以變化性命之所以流行唐虞三代之所以隆盛晚末世

之所以流弊，其間名物沿革，治亂消長，學術變遷，人品錯出，既有以積其理於心，而達其可於古矣。又復博綜秦漢及唐宋以來諸名家之文，觀其所以發抒性靈，敷陳經濟，微而至於一名一物之記序，其中立言之法，所以縱橫曲折，變化無端者，實有以涵泳而得於心，而猶未已也。即其所見，時時寄之語言文字，以自驗其所得於心者何如。夫然後習之熟，悅之深，是以應科舉而有餘。還合聖賢所論者，此先輩立言之大端也。方今舉學者之患，莫甚於無恥。無恥由於無志。其放者自恃聰明，蔑視曩哲，叩其所得，究於此心此理與天下之故，茫然為捕風捉影之學有也。其庸而哉。掇拾糟粕。自画门墙。以为所为是、亦足矣。吾何能为先辈名家哉。以此日积日靡。然而天下。之。学校。坏。学校坏。则人材坏。人材坏。则贡举坏。贡举坏。则政治坏。政治坏。则风俗坏。无一不从无志以至于此。胚胎之也。而所谓圣贤之学。又无论矣。足下与余游最久。观其性行心术。迥绝无志者比。然而积日而年。因循若惯。固家事之牵缠。亦作辍之惮改。足下试自问年来所得于经传者几何。所得于子史者几何。所得此心此理之。天下之事。以寄于语言于文字者又几何。呜呼。吾乌知其果有志而不与无志者同归也。自去秋省试闱。今数月。屡经敦促。

卒年傳言集字本前，豈以此予為小道而不屑為耶？抑方覃思
於經史之間而不暇為耶？否則、其何說以處此。為足下而年老焉。
所真年老矣，豈不惜哉。願足下熟思而詳之。明白來復。家受、起
點、仁霆、建益、崙渠、同在近地。一併以此意囑之。

與克浚書

直道之不行久矣，於公論亦可畏也。吾輩立身持己，稍有過誤，匡
君者聞見，倫比流俗，直加嘲信，誹或子可信，心自顧實與他者殊，
不可不借以自檢也。足下質性英多，襟懷明爽，僕素以為近
今少年可與為聖賢之學者，莫足下若也。豈復別有他慮於頗
聞去年在對山館中，每因酒後不禁，自取過失，是耶否耶？僕
亦不能盡知。近日數友以僕視之，皆惆悵人也，嘅然與長安
輿結伴赴科，聞其與足下先約，即便退卻，不復有言。細訪其
由，皆云盧足下酒德不雅，此豈小失，然足下試思吾輩讀書，

何可令人將畏。且今同氣之人將畏。若或勿謹。其為世所詬病也不少矣。此皆足下所不可不力自檢束者也。語云、君子贈人以言。今足下方鵬飛在即。故特以此報之。足下其以吾言為何如也。

## 與余兄楊鑒堂書

蕪鄉一晤。倏屆數載。一家感慕。重以年誼。風雨雞鳴。感懷倍切。自閱鄉報。知吾 兄於大挑之期。得邀借補之例。並得廣文。先生不免獨冷之嘆。以羈長林。殊屈驥足。然而槐市衣冠。春風可坐。杏壇絃誦。化雨頻霑。正吾輩本色事業也。方在忻幸。不奈絳帳相偎。近在鄰邑。清風拂人。撫掛伊邇。欣固幸中之又幸也。愧 弟駑駘難窺。盛盛之年。未授遠郡。北陸以舌耕為養。覩此視。兄振鐸。已若登瀛矣。遥隨鄰信。知已榮任有日。特遣小力奉函肅賀。寄候林况。身體庭帷。爲 兄雅量当不我遐棄也。臨楮神馳。不勝翹依之至。

## 與羅進士九峰書

僕之懇懇於足下久矣每閱塘報輒怪十郡目錄何嘗無出缺若此邇近地人傳貴族與人搆釁竊意遠於鄉以為足下足有一於之患安於僕知足下素無所爭其為族人故稍見邇聞既閱果業大累既遂忻然喜以為足下其尚何能擾擾也屢思一問起居道里隔越未獲所便而不虞足下之望僕其屬期僕其遠而忽以辱貺來也嗟嗟今為僕其尚何望哉僕自去年閏二月一妻三月一弟七月一嫂八月一妹相繼病亡慘目傷心形神俱失夫人生志氣與境衰除憂煩則安憂逆則奮於

至以大不堪之境閲時逾至所俯仰愁悵於色笑極有以答於表
藉已耳僕自今謀叢後盡志於世矣不惟無志亦不能盡志
也僕自先人來家遠羈三年以凶費湊集斷削之下岌岌
不能自存況值去秋大水澇地爲甚僕既有田可浸於淤而
未稼既無親友俱窮蘇杯之歡旦夕而給不給支是以不私告
謁內外兩難旅人益切何處慳資那嗟安在田於種麥水來
生朔風夜歸以神馳冀北元旦赴郡見諸親之盛於禮
郡會試風旗獵獵自顧此身駑駘羈是即首無從未嘗來
不注數行下也文以家貧於僕親老於僕少壯可以努力於僕

而頓積積久居於此弍命之旁也境實逼之矣瑣瑣鄙悃本不足道以足下相愛之深故因謝上厚貺附陳近狀以紓憤鬱足下見之當不怪僕之辜負所望也

與邢孝廬敘疇書

久缺晤候遥跡彌益繫念成典型星日益暌已無時不係仰止也近因院試見所録優等文字與先輩書理題理文法迥不相侔心竊怪之即如矢人豈不仁於函人一題鄙意謂此章本為當時弱小諸侯自受不仁甘爲人役要之故只緣擇術不慎特習之久轉藉口於不仁之有定數故孟夫子思為之還其初心故題只從出此句實從下文激宕而來不過借矢函作一比指点不惟矢函不宜呆說并不可平[illegible]蓋為不仁者立言並無函人仁於矢人一層意思也乃外間說矢說函硬將考工了實

搬填且坐實矣函對翻一卷函人皆爲仁人然此亦殊不可解
因嘆近來風氣視聖賢書理久等塵封文法亦無肯綮
此僕實發之但素寡交遊若嘗於衷之愛亦以告師者覬
左宿望名越前教授之識記於工所教垂受顧情特因試題
呈上拙辭數篇希賜擲草用惠雅音俾知宗旨不入俗塵
時异地談心如親函丈矣

## 與家子安翁書

崙渠尚未來齊。知吾妹台有不能已於懷者在矣。豈然不可知者。世事之盈虛。而有可必者。行誼之感召。極語一陳之。吾妹台共釋然聽之。孔子曰：富與貴是人之所欲也。然而有不可必得者。或富矣而忽貧。或貧矣而忽富。是有時視其人之所為若何。而亦有時不甚關於其人之所為者。蓋有氣數存於其間焉。而世事之紛紜。遂若付諸冥漠之中。而莫能自必。此所謂不可知者也。若共己可必者。是心不類於兇殘。行迥異於刻薄。見貧若則起慈心。視骨肉尤多溫恤。待人以誠。處物以義。此皆性情之正。

有古忠厚之風。內積於身。外孚於世。俯為愧人。仰為造命。易繫詞所謂天之所助者順也。人之所助者信也。其在斯人乎。而吾　先牀台者。其亦可以必之於此。而不必過慮諸世子之盈虛者矣。而碩戚之焉常有所慮者。豈能以時勢之來。內而骨肉之間。外而情偽之變。有迫於不能自已者歟。而猶為審所為可能慮也。祖父以來家惟積善。垂以　先牀台數十年之積。若經營。身歷過年。外閱義報。文雖不怡於愛者。且雖不坦於諒者。豈偶因氣運之乖。不忘先人之業。繼此固先緒之心。志圖有為者所應爾也。究之行誼之可必者在我。為世子之不可知者。亦終必不至有意外之憲。而於崙渠之学不參何陶鎔。生而富。則坎坷於在一時。安乐於終在異日。不必崙渠出而相輔。而自有奮起之勢。足爲身名之榮。以貽子孫之福。生而未必富。則今日之忽逆此時勢。乃天命之所為。以中阻艾興榮之機也。若有崙渠出而相輔。亦未必大有所濟於邪。且即以讀書論之。吾妹台之篤好学此也有年矣。人之聞而見之者。又有素矣。而忽然坐廢。亦未必非老妹台失報務之一端也。試使吾妹台將來生涯勤發。家資饒裕。而四顧索然。曾無一二子弟身列膠庠。名在請書者。亦不過使人稱爲富商家已耳。孰与衣食好学之根。以要子弟之乘世豨涛门。人钦儒雅。所短粗福粗豚。亦将有不胜其困乐。哉彼易哉。孰得孰失。伏惟　吾牀台揽时运之遂哉。宽目前之烦襟。宜守其安于守之。不可用其断于去之。付命于天。遣子就学。方秋星河灿烂。云物炳焕。氣運之興。安在不与时光并至也。不佳。烴目晤疲。每日不代房　吾牀台念也。而握持恩之究竟徒乱人意耳。吉人天相。愿牀台自爱而自宽之。

與

八角樓塔城東一古蹟也傾塌日久亟宜修復舊觀須煩留心地方者 賢父母諱及此塔昨承 諭帖派充司事者就附近鄉人題集工費此真賢父母之用心敬不敢辭惟是某以教學餬口之故羈跡在郡舍中家慈現年九旬而小豚之齡又少未經事不足代供其役伏惟 老父臺俯諒下情該修八角樓事即就附郡內外紳衿擇出熟諳者任而責成之俾足仰體、 父母之心克勸此舉 某豈敢避事憚勞也倘他日地方公事有大於此而為某所熟諳不可不効力者則斷不敢退耗託

以方大令耳謹將現修八角樓土堆　諭帖繳回署任懇切

悚惶之至

## 上胡觀察書

敬稟者。某以雲樑庸材。濫邀　賞識。自庚申年冬。為隨節幕僚。致煩依長殷憂。不揣恔負之加。恩効未酬。萬綍　憲心。不圖風俗頹壞。積重難返。益以外間多言多指。同爲者不思大体。妄相挑剔。遂使鄉約垂成。徒勞　罣礙。某之罷也。實以爲此鄉地還所關。尽瘁心而勿濟。為之何哉。惟是某自庚臘北上。歷辛壬兩科。戰比不捷。自顧菲植。亦復何言。特辜負　憲台愛養期望之衷。為戚愧無已耳。去夏六月念六日。束旋抵家。即擬拜問起居。不意七月初二日。即得大病。幾於性命不保。因是沉昏數月。不省人可而。　憲台亦為公務之憲。兵刁倥傯。弗不敢當函瀆候。今春病軀稍痊。彷彿倘佯如。不得不謀食四方。因就學館桂林。苟且度日而已。宿疾未消。世故亦未能及也。擬俟稍凉。上郡晤謁。遽接猿報。　憲台已將陞任廣西。即星馳拜別。畧慰此後懸懸之思。而家母年八十餘。忽於腦後發毒。痛苦異常。某終夕傍侍。不得倏離左右。念　憲台愛某之心。某無日敢忘也。際茲遠別。竟不獲一覲光儀。悵恨正復何似。不能自已。聊修尺寓。藉達寸心。若　憲台賚理碩德。。未懂所指。黼黻生光。將來受眷眷　聖主。蜺旌戟節。指日躬膺。則尤某區區之心所頫禱而未有艾知。謹此佈上。伏惟 鈞鑒。

## 與友人書

利於眾人之所同愛雖恥於君子之所自新見利若鶩不顧其身
眾人之所以卒歸無恥也行已有恥無苟於倖君子之所以攸往
咸利也然則吾人之所以見愛可知矣已知義大權於行誼而名
立恥莫甚於喪節以辱身行本失矣名亡矣出則為利人濟物之
所相禮愛則為鄉黨宗族之所交推若是即窮餓終身而所貴
清白之品上對父母下遺子孫利孰大焉況乎其不至窮餓也
若其喪節也辱身也外則為士林之所不齒內則為衾影之
所難安若是即飾金滿籯而以其汙穢之物上辱父母下禍子

恥。恥孰甚焉。況於民未必能全也。夫人雖至不肖也。至頑惡也。未
有不知行修名立之為榮而喪節辱身之可恥者。乃世且往往甘
於喪節辱身而曾不顧於行成名立者。何也。恥之心不敵其利
之心也。其放焉者。以謙樸為枯槁。以睹蕩為風流。其鄙焉者。
視詩書若餓饉。視樗蒲若利藪。狎野猴懼物議。繼并不計親
憂。狃而習之。浸而深之。匯違向為益友。有道指為殷鑒。唱喏
然何其不漸溺淪胥以至於喪節辱身而不可救也。夫風俗之
壞。多由士大夫為之。世之能恥者眾矣。有志代（共）為羞之。宜思有
以挽之。若民不能自守之而自安之。以廉恥於行修名立而不

至与辱喪節辱身者同類而貽譏焉頤奈何且以儇狡士夫之
身下与無恥之偽相競於賭蕩汚濊之場而曾不自知其身
歸下流也是徒捐恥以求利而豈知智者之所視以為利而害之
乎求之者將機械變詐行險徼倖之途而不可必得而此身之所
資以為大利舉平日勤勤焉以積之者至此且潰敗決裂而無復
有人焉引以為垂訓夫求者不可得而得者已不可求矣求利於
無恥而已害利之大原矣嗚呼其可哀也哉士君子行己立身自
有法度縱不能以聖賢自任亦何至以儆偽自汚若吾兄者吾
感焉少而知名壯而官卑英達之躬誰不慕者多文為富皆

大利之源也守此以往循循焉可法可師卓卓乎不屑不潔沒此
發皇無（未）論也即當前之貴重何遂遇憂空乏哉奈何而所為若
是耶且夫恥者士之所必不可無自甘乃不肖者乃頹甚者今乎
以大利之恥易無恥之利抑為也猶而閔所言者必且以家為解
語夫利之所迫遑恤乎他嗚呼此又昏冥之見目不知其之
所云也生而不窮不求而無不利生而窮求而終未必利且即
以求利論擇術亦豈有道耶半生攻苦竭力於詩書之旁以磨
礪於行業名立者此真吾身之大利也況乎有衣可衣有食可
食有田可耕有屋可處以為家家者固若是耶而貿貿往焉猶

何也豈欲為此哉固未嘗不自知其非是也狃而習之遂至浸而深之耳至浸而深之而人言不可入矣且為此哉又未嘗不自以為是也而恥於是乎甚矣身且不愛何恤乎人言親且不畏何有於友議欲假知其不眩而卒不得不言之議之且言之議之而又不悔終之然以至於有敝辭繁而不覺其厭人之眩哉義之所難逃而情之所難恕識不忍其敗名喪節與無恥之徒同類並識也嗚呼日在昏惑之中豈知外間之穢名乎今豆令同志之人憤恚而痛哭也哉瀝胆披陳伏惟一照察焉

## 答友人書

讀 兄手教。洊第傍徨。蓋依。繼〻。仰。修。彼此。為。一轍也。茲復日坐蕭齋。而役〻於心神殆不可問。每讀古人紀傳。有不敢行而敢為者何人哉。雜揉〻久。聰明遂日荒也。至於時文一道。年來尤不心究。繼自今。北上公車。殆終已矣。家有書塾。遠近殊所願。繼使邀偉可否。尚不必紛以彼易此。况鄙〻不相投之技哉。來示云。近閱近閱会魁墨卷。氣魄光芒。頗不似從前平淡。是則然矣。特不知足下所謂氣魄光芒者。從聖賢書理出耶。抑從先輩文律出耶。即以元墨論。大道何指。得失何脉。忠信之於大學素之忠信。而其他可無論矣。至次題則尤有濫觴不堪者。第以房稿之乙卯會墨。尚覺不及也。而何有於聖賢之義理。先輩之文律哉。吾 兄心追古人。貫穿有遠超佚際。而不囿於近今者。氣魄光芒之言。精神存此。魁梧之風韻云爾。未必房。 吾 兄由衷之論也。

# 與同年陳義高書

弟屢任腸所累，連年積歲，曠奉養而乏浮名，甚不若 兄長穩坐皋比，從容俯仰之內外各適也。六月廿六日抵家，始知 兄長去年遽遭大故，此人子所不忍言之至痛。亦人生無可如何之天命。愧弟遠出，弗獲親臨奠拜，罪實難逭。惟 兄長寬赦宥之。此外諸凡，想皆迪吉。安康咸臻，福履，毋容贅頌。七月兩、奉撫趨謁，因病未果。且家父屢述浮淵了，為何枉駕。為何手諭具悉。兄長一片殷勤，屢弟慨解煩心，但了只始末。不敢不為略道其詳。弟之波洄。兄長所知，特使現之人以堤外實耕之圍一二百畝白地相送者。本決不受。何則。堤外之圍崩聚無常。崩則虧敗粮項。聚則撥起訟爭。男子累孫。並甚於此者。何云可受也。數年來鄰鄉拔本與分爭洲者屢。本皆以爲非理而却之。大實耕之洲。本尚不顧。而況於新浮未定沙坦者。即云間之不得袖手者。或祖業所在。或族人根累。要亦須與人論情。論理。論法。此三字皆行不得。終後不獲已而請訟。十餘年前與本鄉劉親爭洲之事。此非所得已也。今且本和睦交懽。終每一念及。猶爲追悔。況於情理俱背。而妄生爭怨乎。本鄉堤外。東溪一帶洲圍。云上流繞平隆鄉前埔鄉黄姓受業。次接南洋余家洲。又次接本縣內高下地貴宗陳家洲。又次則屬下流。係黄姓與禇姓數百畝錯見之洲。是余姓之洲。所以接連前埔黄家洲地。因黄余二姓詰訟而設官屬字分字也。是陳姓之洲。所以接陳（連）余家洲地。向日余陳相爭。而官屬分字也。當時以福禄壽三字屬圖。余家以壽字一分。陳家以福禄字二分。是下流俱屬徽族與鄰右禇姓受業。此不惟舊圖可按。即徽族屬本處土著。亦歷久皆知。不實誣之情理也。迨二十餘年來。余洲並崩。現尚存百餘畝老業。付佃耕種。陳洲則十崩其半。其一半都零星契當在本族。

石悉崩去。而本族之洲在下流者。所崩去殆盡。歷年隨敗不堪。此洲處在東溪。路人所共為觸目傷心。無不聞知者也。今新浮沙坦。上流接余家洲。漸次而東。下流至敝族舊洲。路右。即使將來可耕種而定界限。至上流石右接福祿壽舊圖。余家得一。陳家得二。其外始歸敝族。此理甚明。何待爭說。豈庚申年夏。始浮此洲。本以為尚係沙坦。未可耕種。以閒故始置不問。設使余家垂涎此洲。令一人為以水母相生之說。言正理順。告本縣分此洲。而本與族人敢自恃土豪。敢言此洲於他姓無分。此縣本之不是。可對眾敢言本罪耶。不然余揖秀者。自本来此上时。公於仰本族人与余标秀之视并房之佃地。屡次以狂言相吓。一则云他好官前。本不好官前。一则云他好家当。将用一千八百。甚是容易。本不过一穷举人。在何能为。一则云他余姓在三二千人。本敝族不过数百人。他极将将船仪一二千人并械器械。本敝族抄毁。一则云他在许多侠客。将命人行刺於本。诸如此类。不过约言要略。此外恶报不惟不胜言。并有本所不能言。不忍言者。且此等语直向本族人来言。与背後乱言者不同。以此种人天地间。能特本从来之见。恐凡长亦未之见也。本当日即将以此情訴友朋并余姓缙绅長者。因擬於北上。愚還未歸。不語出门後。復以此悔及家父也。現浮之洲。不惟未可耕種。即可耕種。亦乃不与云了。但余柿秀不過一武生耳。若此發言。豈復視言亦成文也。彼既大振叔勢必兵脑已成算。亦不敢不静。凛威風。以兵他伎倆。必俟余柿秀悉展法力。或遇他好官。前。或遇他好家。当。或遇他人物多。足以扮毁。或遇他侠客多。足傷其性命。此非頊地。亦皆藝窮力屈。已死而已。幸而不死。於後忍辱与余柿秀议分洲耳。於那时猶未還分洲也。恐再请出高下。他貴家。授福禄壽之圖。順水母相生之序。方得分此洲耳。亦未出门时。彼屢既屢以狂言欺耶○弟既出門時○彼復來以狂言嚇家父勸其挽允 允長出來處分者○不過因弟往上未回○以家父年老易可誑○藉以速濟其私耳○遂其狂耳○而要豈易易哉○ 弟行年四十○並無法閱歷閱歷不為不多矣○人情世故○弟方日加收歛○豈敢以未定之益之浮渺與人爭氣哉○並且特恐以硯余柿秀之才具果何如耳○且弟與余柿秀素無仇恨○彼父立生老棄世○弟親拜弔○此余姓所共知也○何故而以此相欺侮也○不厭煩瀆○特陳苦情○ 允長思之○以為該愚否也○更請 允長於新洋余姓求貴東鍾秀齋○及余先生等○於便時○代述情○或即以此字付看○更

可省卻口舌。弟於余姓斷不放過一人。即浮洲具在。如可袖
裡藏之。如可候開吞之。應長應短。準情酌理。弟總是下落。凡
於余家洲是分地。弟如特不非他洲。亦不敢昧情理而奪產
所應有之洲也。均勿掛心。弟惟等余柳威風發。即令族人
按分定界也。院試不遠。或余先生等上郡。弟當面以此情相
詢。問他天下是此情理否。分洲了不足道也。弟並窮蹙萬金
不以介懷。何況於未定之洲。業為之洲也。望諒此佈覆。勿怪是禱。
肅此并候　日佳　不一。

## 與會允許某書

月前一晤。匆匆遽别。未獲久聆教益。殊歉於懷。適因族人無知。與貴族樸渡人。亦有言也。不得不屬允長續陳之。藉以代致貴鄉長者。務和氣平心。無讓成嫌隙。致虧雅道也。緣近日接貴鄉一字。內稱敝族有阿双者。率衆毆打貴鄉樸渡人。至於目睛吐出云云。夫子弟豈知得罪於人。多承存及父兄。以書相告。足見古誼。殊增慚赧。弟在郡不知情狀。家侯見字。隨召阿双詰責。據稱已屬四月間了年。角口云云。彼此兩未動手。相鬥。當時目擊多人。安見率衆以及毒打吐睛等了。家屡以房産鬧者要。賴杆与人角口。致鄉鄰以字相根。即此便以（已）不是。因痛加責懲。一面令伊妹父子速。親往岩翁之妹壹處。俯首請罪。并於代解族人。已蒙岩翁許。可惟居力戒子弟。日後無敢生事而已。岩翁責族鄰參會於。未能心平。特寄語敝族。若不再上伊門議罰。此了不得開交。且將敝族之人。各行遮途截打。其實以處此時言之過矣。夫土厚則不擇稼而生。水深則不擇魚而產。子弟無知。家族間何處無之。惟在各人父兄。互相勸諫。嚴加約束。便可相安無事。阿双与貴族人角口。已歷多月。並當日是非曲直。

身在外不甚知。然不過年少氣蠢，就其閩兩族子也。家父在加懲責。且特人往貴鄉處知會。然此可相諒矣。他承屬後日益加相敬愛之地。茲為鄰彥舍云云。是不能以和氣相處，不能以勝氣相壓也。貴族叔姪遠近共知。何消在此爭執。且兩地親門。不一而足。自來並無習恨。何故以無毫毛大之口角，能造出子端乎。方今各處風俗。稍其話言。鄉合族退鬧。至於離鄉破產之死。靡悔。其譏甚宜。何為心傷之。而指以為戒也。鄰彥舍能不曉事也。奈何而言茲是。孟子至迫於無可為何。則敝族不過店子莫業去處取。其他亦能盡貴族之利也。本父子處鄉黨

闻。非惟憲子姪辈。安生子端。無时不加诟詈。与好子共迴别。想见
長所深悉。并子八兄相諒為要。前為非台。弟素来拜賜。
不敢徑讀。煩将此言代為道達。藉以勸解責族。且弟同邦
彦舍侄大老子弟姪。统冀将此言并致大老。况此等関繫
要領子。可堪兩家結業安否也。親誼俱在。務須以和睦相
愛也可。

## 與東風陳某等書

去冬一晤。倏忽經年。久闕候安。殊深歉仄。亦因苦情難隱。不敢不爲披訴。竊惟貴鄉居西溪之西。敝鄉居西溪之東。界畔相隔。地本相鄰。自來婚姻嫁娶。親門紀一。左貴鄉不忍欺侮敝族。在敝族亦不敢忤犯貴鄉。往來敬愛。毫無釁端。近因六七月間。敝鄰鄉圖濠曾姓。與山近斗門貴宗構難。而貴鄉以宗親往山近相助。此自出貴鄉宗誼之重。敝地之人孰敢擬議。詎今貴鄉人眾從此往來於山邊斗門之間。本有恨於圖濠曾姓。忽遷怒於敝地各鄉。自張渡頭至不屆下一路。不論經商過客來往行人。所居衣物貲財。搶掠一空。甚且婦人則剝衣而忍居赤體。白晝則入鄉而公然擄人種種難堪。積向累月。日日如是。慘目傷心。於敝地各鄉。不敢誰何也。而爽鄉港來往於此圩。且以爲得計。而見日見日甚。始不過剝及行人。繼而并及田土。始不過搶及衣物。旋而并及田園。即如敝鄉鄰鄉蛟头圩。居中一家姓曾。不過三二房人。作佃度活而已。與圍滘之曾姓不相涉也。而已自八月間。被夏塘貴宗搶劫一空無。居家攜男帶女。已逃走四方。居平日所耕田園。皆他人之田園。而此曾姓圩。祇能自己有尺土寸地也。乃云園所種甘蔗數畝。近被貴鄉人盡行砍去。云田之種稻者。尚半青半黄。不過三二分熟而已。近亦被貴鄉人割去矣。現僅存稻三四畝。係水後再種緩熟者。未嘗割去。此三四畝田。昭徹族公田也。不日亦必為貴鄉人所割矣。該任先生大人。試思貴鄉乃著名大族。於徹地素無猜怨。以海邑之鄉。而過河來徹地搶割。徹地不敢誰何。已屬難堪。乃復將并徹地之田園。稼穡而收穫之。是尚可忍。守為此不留餘地。直將置人於死。並將使徹地之人。盡死於貴鄉之手。亦斷不能束手安理。雖侵貴鄉之來侵田園也。第理　該公推仁人忠厚之

心。庚及鄭地。慷及年奉。切勸貴鄉人釋手。身家性命之
事。勿使人難受也。是禱是望。幸甚感甚。惟諸公實垂鑒
焉。肅此上某某諸先生全照。亥某頓首。

與家彬魁太翁書

聖人云君子懷刑。以受刑者之辱也。然刑亦不同。古來英雄豪傑。士人君子。嘗命運乖蹇。無辜被刑者多矣。況人情翻覆。世故風波。其刑端尤不可逆料者哉。而又何辱之有也。事已至此。但當堅忍其心。徐圖其路。切莫志餒。

## 與某書 韓山山長

密邇高賢，曾未荊識，殊歉於懷，深用悵悵然，景仰之思無日忘之。僕現年館於城西，然未遑朝夕身領清誨。頃謬錄名院中，其紀僕門人即僕朋友，藉乎課藝得窺豹斑，就中領略一二，庶幾足裨學識。僕誠私心望之，竊足所欣欣於中而不能已也。夫江右五家造詣精微，與科永行，五家之文必不朽也。國初以來，繼而起其代不乏人，如張百川、周力堂諸先輩卓卓於世，屈指難陸。近來風氣愈發，日上盛乎，擬巍科而是以文盟一主盟文壇，其名亦流傳，後先輝映。即如今 先君壹先生以第二人及茅會墨遠布天下傳誦於庸之千萬輩所敢仰而企也今足下誕自名鄉來遊茲土儼然而主山長之席僕方今江右宗派足下必居閩風而起者今先君家學足下必居淵源一何者於以多矣繼餘惠及人士豈不快哉而不虞僕之大失所望也將母以榜眼云爲足下先君者不免傳之訛歟且夫書院者人才之所自出也表書院者文風之所由關也首重品誼次端学問品誼重則浮薄機詐之風可息學問端則庸腐險怪之習可除是故古之爲師者有人師有經師人師以爲品誼矜式經師以爲參問根源於是二者於師之義兼取也今足下遠涉而

來以薛以梗萃孫稔序書履時所語人師者未敢置道論第即
此抗顏講席要惟是守聖賢之義理循先輩之辭裁與生
徒誦所而研究之則人師並未可知經師尚足可取若夫書無底
蘊不惟五經三傳旁及諸史百子蔑未足見即四子書數十篇
其間義理語脈神氣尚以捕風捉影只作課文在手任意品
題能其所是是其所能且是者亦不能言其所以是能者亦不能言
其所以能除其抹之令人不解其端此於山長之辭貌則得矣而
其為師道之不立何哉若此者庸妄人之為師耳甚哉僕所謂
於足下也而不虞足下之為師乃適其類於是三人本軒何故

設作主人於私交歸之君何故見抹形體並隔性命通焉又何
故竟見抹於他筆話兩月以來不下數千百端本可謝生徒各
居既父兄師友戒勿相從不然是為山長之處於不化生徒為鬼
魅也然何矣今各課卷中足下所著縱橫論外間將合成一帙
擬於 道憲回郡日覽諸鄉紳上請 道憲定乎是能廉使
後生小子知所適從僕方在旁言阻之否則不識足下將何面
親於 道憲之前也夫 道憲仁慈愛民愛士久著閭廣足
下之為山長特憐其為故人家而來歸故以書院膏火振足
下之家而恤足下之困耳且喜足下畢結而來豈能一生所得

於书院中不用讲说每月止阅一课文至简至易而亦不堪任
郎足下宜度德量力自顾此乃吾所不足即每月课文上等名
道宪下等贤令尹彭送署中请吾评阅足下非饱食煖衣坐
享一年之束修可再不得云终妄吾辈尉以裁此邺生徒也出语
谢为业人哉诸生课卷独不念外间见闻者仆诚仰体　道
宪之意将全足下之名不至传笑四方也故不惮谆谆切相
告语於此愿足下勉旃业多谈　　登海黄某拜手

## 與秋皋鄭太史書

僕今年之設館於郡西也其情乎　老兄知之否耶知之而後可以論僕不能盡致　老兄之業為為僕感至也僕去冬臘月嘗志趨及事因家嚴不許遠行不得不仍就舊業以為學為乃其所惟陳赤太二子廷瑞廷遠最切從學而赤太家以宗館轉商之北門家灼秀又商之家眉吉遂至煌孝知之議將其書館借僕授徒能而散開手耳能閱詩也夫煌孝尚不能閱詩也煌耀何人而能作東於僕乎僕雖不才曾奉教於君子矣而乃受煌耀之作東乎哉至阿三業為煌孝嗣子僕借其館開學而

摈而不使入天下子弟於此，揆情势必且是館也。翁摈斋閉之矣，謝碧池閉之矣，吾兄更先閉之矣。彼时特煌孝未与此子孙从学耳，兹并先去館不可，借以閉李館。吾兄宜先不可矣。若非以煌耀相诟病，则煌孝亦煌耀之弟也。煌耀之弟可废，煌孝之子独不可废也？若以煌孝之子係煌耀所生，遂并煌孝之去館不可废，则必并煌孝绝之，勿与为同類可也。我辈讀聖賢之書，守義理之界，惟其交通衙役者相往来，与为奸利，则得罪義理而為聖賢之所不容。若其視厥子弟廢然思還，肯就讀書以归正途，其科名其能自其煌之功令，不可假借至於废

以讀書明理使其不致流入匪類此意良非君子之所惡也孟
子曰歸斯受之而已矣待異端者友學獨不能少況借同類人
館舍館舍授徒我自講學彼自來歸非我之占拾於彼而非
彼之强為主於我而奈何絕之方今我郡習氣之壞即所稱
文人學士於禮義蕩然名義不顧其嗜利無恥之為甚市人
所不若於此則怪（恬）不為怪而䰟之者捕風捉影擬相格引飛逛
不深惟義禮義理樁輔相詒病自矜為於頑名節此時而
稍知義理者謂宜從大體上持論或庶幾可挽浮薄之風而
不實 吉光之名復爾之世 僕非古人行事安得於無可議於他

人議之則可　老兄議之則不可何者相知已素不啻密友善
可以勸過可以規而於閒隨衆謄議則寧以爲不可也況僕於
現年來皈困無可議者無可議而　老兄猶議之是他則猶又
何說且無可議而議之　僕自顧困無罪於義理也何恤人之議
者然而　老兄之所以自處者則未爲得矣抑豈一輕詞之道
忘舊交而以擲　僕爲之表　老兄之高誼安哉君子之交未
必出此者月來以老兄到處責　僕之言來告者多矣僕不審敢
老兄者果是否也不能默之聊此言之幸勿垂罪上　秋皋
老兄老先生老大人足下　黃某頓首

## 與吳生仁愛書

不晤足下將二十餘月矣。以足下之為文。氣質規模。有
不落凡庸者。第讀書未甚多耳。又不知足下在家。用功
勤耶怠耶。是以諗之切而不能不慮之深也。有草翁在家
課讀。且現年延 洪儀園先生主席。想當日有進益。特僕
久不相見。未免懸懸於心耳。有近作否。幸寄數篇來郡。
於以觀進境之何如。并以卜工夫之何如也。此達仁愛賢弟
足下。 黃某手啟

與佥兄曾日省書

菊池鄉墩宗人文烈封之而多犴族蠹也其大宗墓田三十餘畝十數年來被其藉端盜當封數各其族人屢來告弟經弟爲之挽回牽結不知費氣許多次各而文烈翻雲覆雨犴悍不悛竟將其墓田積年裝賣僅存五畝餘此上半年爲鰲頭命案乃其族人衆將挽同前溪橫坑及惠來之棉田鄉各宗列佥呈究文烈乃稍斂手請衆同自具合同并甘結二紙內計所歷年爲非以及殘賊族人等欵并日後不敢爲非等語衆方據他去年暫停佥究詎意文烈一日未死犴悍終已不悛此

九月间又不知作何狡计私受贵族白兄银数元将仅存之五亩余丞田与白兄质耕去兄试思葡池並族小人微特不肖子孙敢以大宗祭業私与外人買賣情理已属难容况经文烈狡受之後仅存五亩田丞田若復再瞒骈计将宗祠失祭即使葡池通族无為文烈何当名仁人孝子所為心懨共参况今通族合势将情诚借一挽同各会宗与文烈作对看来此僅存之五亩余丞田文烈再受不得共但了連外鄉未敢商且以搪突他人特将情投傍大累敢仗去兄目阶力代懇贵族白兄等谅情释手勿為文烈骈计所惑轻受此田耕作区

先為文照取去之銀，即煩白兄向討收回為文照，敢另他言抗拒搪寡塞，點菊池族界及各處會案目，能列會內文照議論，即本應不能不出身為菊池徹宗救此僅存之五畝餘祭田也。總祈相懇白兄讓手此田，不惟菊池合族受賜，即本應銘情五內。切禱。

# 与壮门陈烟翁书

忝附婚姻，近经请命涓吉，择日于十一月内亲迎，于纳采之吉，期一于五月念七日，一于七月十一日，或近或远，惟所择焉。未审烟翁先生将于何日为便耳。弟素本寒，亦知至于仪物繁缛，不惟弟家清淡不能多办，且尚非素性所乐也，久稔烟翁先生亦爱是数，无复俗见存。近前送聘、亲迎，弟惟一切从简，惟古礼所不可废者不敢不遵行也。至令爱妆奁，无非裙布荆钗与寻常衣服，所必需者略为备具，至他俱可从省。况弟现所住房屋甚窄，并无可安顿什物之处。谅烟翁先生

不相怪見怪耳肅此上元昌翁姻翁先生收函姻侍教弟

英某頓

## 與宗錦慶書

大丈夫處世須從大道理起見不可偏執意氣動成不解之嫌現刻縣內外各姓暴於立吾族參處其間全恃一家和氣不為外人看破若自相結怨彼此互起訟端不論誰勝誰負均之大辱耳此案一結將來在宗族間當何面目相見亦且何俾臉與他姓人相議論乎即為意氣現與三妹數目一項或長或短可徐決也而擬欲涉訟意氣試思於大道理上可為乎不可為乎三妹平日為人是非曲直外間自有公論吾 不須贅但據現在之可論之吾但見意氣之氣太盛而三妹之氣尚平也前日君在

登時他屢次與君所言皆從懇情上論並非不直糊塗等話
即所云叫打二字不過敘述其經前此討款之時道出許多黄
田貴席等不情之語他因此話足生人氣向使在十年前氣盛
時必至見責豈至今尚云叫打老猛也而其猛動輒藉叫打二
字作話柄此語從君敘出是弟以此語結兩家之訟端也當
屬曉了那至於財債人辱等話俱係老猛自將為之耳請問
彼所懇者不過稍緩耳至背短少與否總仍續懇到令祖及
老猛願耳若終不願彼終須還也何云財債前此討款角口
不情之言彼此均只何至人辱其猛文云此項係屬馬只夫

三妹若能將此說混去彼仍苦挽君代達許多難之語於道理甚明可以情理想也至所云不共戴天則吾姪之所見更謬尤甚天下豈有為討親而視同父母之仇者乎即讀來書滿肚盛氣俱於紙上見之君竊以為吾姪之所執者皆少年之氣而外間大道理則未之有也不勝枚批駁略陳一二端以為贈言至三妹愛君已特字問他分曉但吾姪若此氣盛恐此事不諧直也令祖及諸令妹忠厚傳家外間欽仰君亦沐愛有年為子為姪故敢直言若此惟吾姪實斟酌之幸甚此達綿慶

吾賢姪照　某筆

與

開去日期由东家訂定撤館日期由教者訂定此從來各處爲之舊例也去年十一月間弟在郡中石堂与教者兄倆談及此是以弟本意只靜候東家消息並無另擇吉開学之言祇因新正初十日舍姪上郡及回家日傳言書兄說吳東家寄信云開學日期若由东家訂定恐弟來開不若弟看定寄与東家知道弟因承諭即於十二日寄字与鄒恬秀才囑他代通一信与吳东擇於二月初十日開学不意吳东又自行擇日於二月念三日將信帖交在王昆三秀囑他轉寄閣下數日弟尚未

闻知即此已屡不恭之至及此月念三日来因另人至梅浦要邹先生方言及东家看日于二月念三开学信帖经交王君三秀多日为何尚未到来家迪东于是初闻此信亦甚不满语东家既将来看日矣为何又自行看日且既看日矣信帖又不令人特送乃交他人转寄迟至十数日来尚未闻知是东家视此可若儿戏也且东家所以将二月念三此来叩厥缘故祇缘东房中尽数间俱做客来归原住别日当可搬从必须二月廿三方好搬运来即于是日开学独不思东家请来教书原不是近日裁定之定择吉今的已自去年十月二十日送阅今其备房居否作

作仍打折搬徙便须於年底理清即不能正月底亦须理清么何至二月下旬几可搬徙来即於是日開学一生一人彼此閙雜甚見试思成何可体且东家於現年仍延王居三秀開学小童学已於正月十六日開去矣而本之開去則延至二月廿三是視本之開学曾不若王居之三秀開小童学之要緊也本自來夜去遲未尝至遲延至二月初開学此今擇吉於二月初十已屬太緩又延遲至二月下旬始使四方從學朋友不至议論多端而本久使人瞭学此心实所不安之甫來此可於情理屬之不合是以此月念四日東家允特帶信至鄧怙秀才处嘱他死字与吴東二

同初十日未必能開學此日即不開學必能遲至廿三才一定在家閒設自課子才及小楷及舊徒斷不往接也今鄒恬秀寄字來未實說寄信與吳東約他回信而吳東子無信息來審他作何主裁只劝未送吳東之命而已未思吳東既無信息到鄒先生處是否已所將於鄒先生也否是以未之去館處不必要也去館之費所需不過五百花邊而已未足云薄豈以此動心哉諸情節糊塗不得不處之先副明之倘吳東之信到亦先要煩將此等情由向他說明另問他來搬房住不過幾間就合個否房之待搬徙也何不於初十日開學將現在房住暫行安

頃云來搬從之處位係於與仍要朋友即通那朋友於念三來备
可也仍用此緣爲之且東自正月十二日擇日初於二月初十一函
寄字與鄭先生要將他代達吳東又一函寄字往各舊徒約他
初九日連人并行李書箱一齊都來本家會集以便於初十
日全往樟林開學今彼仍行改期亦須又寄信往各要知會
東不耐此等煩也總之初十日開學與不開學權由吳東現年
敎書與不敎書權由於東吉兄代爲主裁及禮時可往教否
此間帖具在即日辭還再東吉性剛拙故此語言未免得罪
吉兄諸事凡要寄東另日叙罷至於禮節所係東決不致

受人轻慢也

## 答洪肖堂書

捧讀詩章。如披風雅。知君壯志深情。橫溢楮墨。恨僕忝從。未能細意校和。一暢所言也。以來示云。待之切急。幸陳剪首。聊供一噱。省試在即。君當破壁去矣。酬對之期。此不贅瀆。

光緒戊寅冬至錄

# 同人规约

一端品、士重器识，端品为先。风流放荡，随俗滔终，败名丧节。为好辞为颠顽，诳同学勿与为缘。惟孝惟友，毋党毋偏，庶几面面目可对圣贤。

二立志、志以希贤，志以希圣。莫或畏难，志专则胜。为戰钜庸沉，毋颓靡，为逞斗构，持权据柄。立志既坚，材力胥倚，君看铸砚，彼心何竞。

三虚心、天道恶盈，惟虚受益。虚则心灵，妙悟日润；虚则心细，问学之积，救失长善。师友隆式，惟骄且吝，性情之泽，留心日閑。滿假須條。

四、循習學問根柢。經義為首。次則傳文。古今代有。理為為山。非積乃厚。磨礪夙夜。別立永晝。我思古人。皇皇心口。業精於勤。顧書座右。

五、考課、逢課構文。程功之期。相題措理。各擅所知。工拙巧拙戒。勗勤惰之為。五字當參。法帖宜師。詩律正文。字文藝文資。按程循習。指日雲逵。

六、全交、詩賡伐木。易著麗澤。敬業樂群。良朋交益。毋從戲謔。尤戒猜剋。隙末凶終。昔人所作。管鮑可風。雷陳堪式。顧諸同

学砥砺相问

吾人读书，所对者圣贤，所攻者经辞，苟出行不端，则入经辞而背圣贤，并学艺渊博，尚何足取？故学者必首此存诚，以慎独庶也。畏难好怿，自甘庸俗，则志之不立可胜叹耶？既成志立矣，而达于虚名，冒修风雅，且堕入轻狂一流，本之精神既放，学业就荒，是又心不虚之过也。故昔人论读书，期志贵实，而心贵虚。由是而继以循习，则工夫日进，而不知。要以考课，则学力有程，而可验。欧阳子所谓多读多作者，非耶？而况有磋琢磨，复交资于朋友之间，人己交修，外内并进，尚何业之不可精，而名之不可成歟。因撮各規之要。約陳其義於此。為諸同學勸並藉以自警焉。

## 同人課程

一治經、不必約定每日所講之經。或二經或三經。各因材質疑誦。庶根柢深厚。

一讀文、早晚自時文外。或左、傳、戰國。或秦漢唐宋大家。古文。或歷科試帖。按所講習。酌與程限誦還。

一還書、每早司夜者先依次掣籤。不到者罰。司柝失守者罰。以雞鳴擊鼓五報為節。

一肆講私語者斥○瞌睡者斥○擅離本節，旨答不來者○因程垂致罰○

一課文、每月以初一、初七、十三、十九、念五為期○屆期早飯後升堂構文○五灯交卷者○罰錢二十文○越宿者倍之○抄襲者壹百○倩代者各一百○字樣錯寫与疊字用兩點者○各弍文○要字錯漏者伍文○不避廟諱先師者拾文○課晚作試帖一首○違者罰不弍拾文○

一立程、每人各置課程簿一本○逐日記所誦四書五經周禮各節次○左傳何篇○古文何篇○新舊時文及試帖某某首○

各於每早還書時帶繳。以憑摘驗。并可隨時按條稽覈。以上六條。按程循習。每日間早起還書。次讀左傳或文古文、試帖。次臨講經書。早飯後抄寫或臨字數行。次臨講四書。午飯後再抄寫或節看史傳。臨授熟讀四書、五經。晡時臨講古文、時文、若左傳、試帖。晚飯後誦習新舊時文。約兩夜就寢。總期循循勿怠。且善學者。當以精神鼓舞。不必泥此瑣碎拘定。緊要須此心刻刻在所學處。庶幾氣不令滲。學日有進云爾。

同人五禁

一禁賭博及鴉片煙等項犯者斥逐

一禁規避托故躲閃久假不归犯者重罰

一禁貪飲無故生端肆潑使性犯者斥辱

一禁褻談非關賞析群聚閒譚犯者罰

一禁閒遊不習詩書外頭閒放犯者罰

以上五禁。大者墜行。小者廢業。凡我同人。各宜自警。

申論緒言

已上各條。務各按程用功。毋得任意遠玩。至舊學者。於每日課程外。為讀史讀子習字。尚是無窮工夫。是爲身心之益。是又在吾志趣之高成焉耳。若夫孝友忠信。持己以接待人以恕。此又人品成敗所關。駕文藝而上之者。凡我同人。刻宜留心檢省也。

各勵乃志。乃靜各靜乃心。各勤乃事。目下賢士大夫。行來各主。大之經濟才略。小之富貴功名。未有不由此途出者。從此精而求之。可得身心性命之要。實而踐之。即為孝友忠信之人。所慮處以相慕。必致荒而自廢。即使庠序有名。不免鄉遂其行。然識者之所以自愛。亦然僕之所僕欣望於識者也。

一切浮游放舊陋習。各宜隨時檢約。務期聚精會神。各用其力於所當用之地。庶可相與有成。若夫賭博鴉片等事。斯又市井匪類所為。犯者斥逐。不必置論者矣。

方正學先生云。出入有時。則心志寧謐。此而不謹。將有托故閒遊、而荒課業。於喪行檢者。不論早晚久暫。有出門必求告明何故往。違者要罰。重者斥責。

考試在即。親朋過訪。情誼所不容已。須客酬者同客酬。讀書者同讀書。不許藉端廢業。不許擅出遊戲。不許黨朋濫交。違者責罰。

四書者聖賢之門。五經者義理之府。此而不讀。所讀何書。次則周禮為周禮公致太平之書。左傳為麟經發難明之旨。欲求實學。必資古義。非此曷誰。又次則秦漢八大家古文。至明及國初以來諸名家時文。足拓心胸。并裨科名。至於韻律一道。其關於性情者固難言矣。而比音協節。與制藝並在取士之條。豈不可或緩者。按程因度。各宜於每早晴。還以覘素蓄厚薄。

五不戒

出必告。反必面。人子事親之義也。民生於三。事之如一。至於師而無用此書焉○況各房讀書○日有定程○友朋隨在閑心○即時而回家省親○或因事交際○此其所固其勢○何妨互講半一言○而理之而去○今友朋莫知其向也○此於義何居焉○當戒一○學以聚之○問以辨之○故曰博學○曰審問○其功一也○今人不善學○久不復知其問之一途○乃至授受之際○日用之間○其問不答○此其常也○而問其欲然於前○睦其寐然於旁○直若不知誰何之人○付之不答焉○此於義何居焉○當戒二○父命呼唯而無諾○先生召唯而起○曲禮所言○曾子所知也○矧宰予晝寢○聖人以為朽木○今既不能自省○而兀睡昏

骨○直至長其身爲呼吸○而偃臥依結○若頑罷之蠢而無知也○此於義何居如○當戒三○

與言足發○無言不說○此大賢之善於聽言也○子如不言○小子何述○此賢者之樂於聽言也○今即不能爲此○於講說之言提撕之言○警覺之言○至於督其廢弛○勉其力學○言不一言○而旦之所言○午而忘之○午之所言○暮而忘之矣○言者舌敝○聽者耳聾○曾不稍留心也○此於義何居如○當戒四○

君子問更端○則起而對之之禮也○童子猶知之○豈其已弱冠成人○而反冥於此者○今乃或立講書○長者之所語於其人○或在

私房○友某身在簾外立而與之言○而箕踞以應○踞則有一起立而不能也○此於義何居○當戒五○出不告也○問不答也○呼不應也○言不聽也○坐不起也○有此五不○甚矣○況居不止此者○悉數未可終也○此五不乎最淺近易見耳○不亟猛省焉○讀不成者也○即讀得成者亦算不得成人也○戒之戒之○吾不能終日屑屑也○

戒睡篇

年華何可雞鳴起○然后寸陰惜於彼○成湯智勇昧爽勤○文王日昃不遑息○雖公待旦○房仰思○孔子不寢終夜裡○從古聖人

尚矣。大賢以下可知矣。在漢鑿壁乃匡衡。在晉囊螢乃武子。在唐吏部焚膏油。在宋溫國常隱几。或唐畢誠薪夜讀，燃以視。或唐孫康雪映光，字字侵伴。或唐王忍月升屋隨光煒。或唐文正帷。灯煙積如漆。夜深勞勿倦。流傳難屈指。艱辛以成名。來者不由此。呼嗟乎。天生形体賦精神。貴賤貧否陸須砥。王云坐作夙夜時。旰食宵衣不得止。終歲勤動鋤耘艱。农耕歸幾他何憐。每每猥向甜夢中。世間蠢物惟罷耳。不如膏粱子弟坐破家。柳或近來所稱鴉鬼。呼嗟乎人名讀書。所讀之書果奚似。功名達於紙上求。紙上舉業既易擬。五經三侍為捕風。安識游子反百里。惺惺縱使旦而昏。胸中尚慚空義理。胡爲妄致邊好眼。不便空腹為泥委。我聞聖賢志節氣。志氣不立歸庸鄙。勿語舊傳統。前安聊後尔。舉為百文材氣枯日就萎。吁嗟。少志氣不立精神消。萎靡荒頹遂此始。

勸學詞

讀書甚難。讀非不可畏難。書字依性命。須與刻肺鏤肝。君看古今來。下帷映雪。五柱月呈更闌。有誰不受却勞瘁千般。

讀書甚易。讀書不可忽易。當忘寢食。然於血枯神倦。君
看古今來。心織舌耕。一旦車塵馬跡。有誰不從稽古中
得之。
讀書甚難。讀書勿慢所難。當忘悅耳目。但求學絕塵垢。君
看天地間。坐論作行。與夫農耕女織。有誰不得偃蹇自
適。俯仰無愧。
讀書甚苦。讀書勿以為苦。當忘竭心力。(易禁)須排去蹈手舞。君
看天地間。時行物生。與夫日出月變。有誰不自然相推循
環於斯。

# 論讀書　慶餘堂諭同人

古人讀書，本以明体達用，期至聖賢，內而修己，外而治人。胥於是立科目，秦漢時，鄉舉里選之法廢，而甲科射策之途開。三代之學，遂不復見。然西漢去古未遠，凡察舉孝廉以及賢良方正孝弟力田諸科，猶以經術取士，而窮經之學，專門名家，如董仲舒、公孫宏、韋賢、張禹、大小夏侯、匡衡、劉向，迄東漢之鄭康成、賈逵、服虔、何休輩，先後繼出。時以治經起家，此桓榮所謂稽古之力也。唐宋後，始以詩賦策論取士，雖尚存立言，而德行之選益微矣。流移及王安石，以制藝設科，即文今八服文字也。沿至前明以逮本朝。仍尚用之。制義之盛。於斯而極。然斯流傳名家。其文字根柢。要皆從經史古文醞釀而出。未有荒經蔑古。徒掇拾近人墨卷考卷。而於代聖賢立言。自成一家。以有見於世者也。今人讀書。大都為科名起見。無復有志而責之學者。童年習四子書。長即當用力於文字。塾師之所授。生徒之所急。皆取庸俗淺易之文。以為是可速得志於科名也。而凡文字之大本大源。不惟所謂經史者。茫然罔津。即古文大家。時文名家。亦且厭而生畏。以為用功也勞。而收名也遲。此學校人才之所以日降也。不知功名遲速存乎數。能從事於淺近之途。

所能速之也。使浅近之途而可速得名，於世之能得名者多矣，何不闻世以浅近之術捷獲也。且彼学者根柢。宗仰名家者。何以年少而擬巍科之曾不乏人也。孰得孰失。必有能辨之者。願有志之士。以功名雖然遇合。而潜心於經史之中。高尚詩於大家名家之言而已。切勿存於速近之見。俛就浅近之途。韩子云：業患不能精。無患有司之不明。行患不能成。無患有司之不公。此真警世通言。為学人所宜数讀者。僕素浅学。未能窺見古人涯涘。然立志頗高雅。不欲以浅近自安。居所与同学日夕砥礪者。皆願以根柢之学為依归。一切浅近文字断不敢以之相衒。而以自諱也。并諱我同文人也。至於領會之淺深。所視其材質之高下。與其心力之緩急。究之勞逸不同。總歸盡得。然可以功名論也。而果別有簡易法門也。誠同學者以爲然否耶。

## 論讀左氏

春秋一書。孔子因史以成經。左氏因經而作傳。上下二百餘年之間。縱橫百二十國之際。天文地紀。名物典章。始終本末。粲然具備。識其略。所謂因聖言以擴其義。托王義以流藻。淵源深大。況總非歷。真命世之材者也。六經而外。莫要於是矣。學者誠取而读之。且读而会之。於以上察岁时星纪之数。下览列国风土之宜。中观人物得失之变。即不能粗而言之。或猎其辞华。或挹其风调。亦足以优游卷轴。疏瀹性灵。其为益亦已足也。今特搜程讲习。爰其不厌烦言。读者勿等闲视。

## 读论读古文

今文与古文一也。根於性而为理。发於心而为气。举於口而为言。借书於手而成文。一而已矣。自卑靡者汩之。华巧者乱之。而今与古殊矣。然则今古之变。书味厚薄之为也。後人书薄味薄。故气力小。不足追古人而从之。而遂等为高古。相与置畏而置之。不益皆字○試讀其明国初諸名家文○其法之經横變化○氣之呼吸流通○其時文也○神與古會矣○故古文不可不讀也○左氏内外傳文之祖○然附經而傳○不當復以文論○若自戰國先秦東西漢○及唐宋大家○其文皆淵源六經○馳騁諸子○學者苟不能博覽並收○擇其精者朝夕揣摩○稍讀一二篇○氣息略足○增長筆力○闊拓心胸○今就唐宋大家○先行選讀○次而两漢○次先秦戰國○沿流溯源之意也○

## 論讀時文

讀文者讀其用法也○法本無定○讀之則有定○讀法有定○用之則

無定所以有定乃可讀法得以無定乃可用法蓋文章之要不
外意理之間而用法之妙不越開合之際有以順逆為開合者逆
從題後作開順從題面作合也又以虛實為開合者虛從題上作
開實從題位作合也推之離即抑揚淺深賓主伸縮擒縱作
者從題之語脈尋出意理讀者反從文之意理審以開合此
通篇以通篇之開合各股有各股之開合或一段自為開合或兩
比相為開合此乃天地間陰陽奇耦無獨而必以對對待流行
有直而然無知模隨題設想隨手推求無不以其所為開合者
作文者妙從心生故能法由理得讀文者神與法會自能法隨手

閱元明以來文之流傳眾矣讀之不可勝讀而授之以法則一篇
而具其數篇之用數篇而具其千百篇之用在讀者因其質之
所近實其心之所用淺者見淺深者見深淺者並深文而見淺
深者並淺文亦見深要歸於領會之所至已無其根柢本源
所能沉潛於經傳子史浸淫於秦漢唐宋並諸名達法耳繼
使揣摩圓熟不過流精於腔調之間曾何與於名家之壇坫第
少年習舉藝以為獵取科名之具根柢要必須徐積而規
矩法律則不能不講求於讀文之時夫讀文豈難言哉其高
者著於雜襲其卑者流為陋習以其雜襲也而置其明國初

諸名家於不講。所謂文品日坏。以至陋習也。而置房行帖墨等文章於勿道。所高遠無門。是故讀文者。不可畏難也。不可褻易也。以至難為者。學至氣骨。而以至易為者。便成科名。因識求深。由近而遠。庶幾古人論場中文者於不高。不低。不偏之旨。盡。然後作文之道。以理為主。氣力為輔。骨幹以為之經。神韻以為之緯。機法以運之。藻采以潤之。其作具在。此不復贅。

再論讀文

制藝之代聖賢立言。權輿於宋。而盛行於明。我朝繼興。名家林立。宗派各殊。然總之義理胎於四書。根柢厚固。經傳識力雄於子史。氣息原於古文。此制藝之大畧也。平日讀本。當以有有明及國初諸名家房稿讀之要。但學者材質不同。鑒亦異。故撰讀者不得不參錯其間。惟墨卷係場屋文字。其名手不免降格爲之。其體裁亦可參也。其志甲科者。不能不讀。亦不須多讀。不讀。則有題運筆、製局、鍊藻、規模難於脗合。多讀。則中人之質。才具稍薄。必至徒講於藻調之間。反窒其義理之趣。而貌若此。骨氣全非矣。鄉試在即。謹於名文外。約選十數篇。爲諸友共研析之。其新案諸友。本年亦必赴鄉試者。因究心焉。未必非拾芥之助也。

讀文須善採擇。名家佳作。並全篇完善。於畢竟只一二聚精會神處。或二股。或一段。或數句。或以至於之奇。或以至清之妥。或鍊字生神秘。或琢句研善。隨在摘出。加之揣摩。久之心頭爛熟。驀然自能洞開。所謂集腋成裘。釀花為蜜也。若只就各篇泛泛讀去。終是滿屋散錢。不知用處。

文章最忌冗長。因奉命屢申。定例七百字。果能力破閫域。俾足發揮義理。凡篇字或溢。宜從割愛。並宜下誦習。篇幅無拘。於揣摩時以應試。於期入彀。宜論作裁。

文章課本。須以簡鍊為要。所謂貴精不貴多也。蓋名手佳文一篇。而該法畢備。當能引伸隅反。何取多多益善。昔孫寧子云。精騎三千。可敵羸卒十萬。讀文亦宜識此意。

讀文須先認題。題之大小輕重。此易認也。要在中之精神脈絡。情景部位。作者必一一認得明白。然後下筆。讀者亦必一一認得明白。方可脫口。認題真。則在文若何遣意。若何機格。若何布勢。開合變化。法能因見墻壁。神與法通者。不法認題不真。即篇中反正大勢。亦約畧見得。究只是識個死法。不能在得於心。隨境變化也。

讀文不能循常。亦不可厭舊。試觀先輩佳作。並極模度之篇。

必須直精神真義理。真法律在。能習之甚熟。安從得無美於四。若果見大處。便自說了了。難之道屬門而不思大嚼。究祇為他人之味而已。

文章不論奇理淺深。只要入自己心眼。不可逐他人請。會得入處深者固深。淺者亦淺。若自家看不浹洽。雖他人說為神奇。置之可也。強以相就。則格而不入。徒勞矣為。

論讀詩

詩之為義大矣。要精在涵泳性情。陶冶心術。至粗在文采節流。音律諧暢。唐人以詩取士。蓋甚重之也。古風律絕辭裁各出而昭举業者。要以試帖詩為主。試帖之詩。至唐人不能已工。於法若倫。而继此者不能出其範圍也。本朝自己卯以後。圣天子風行海内。鄉会場及歲科两試。皆必以詩。缺者不録。蓋十年來。法律赦韵。歲益加嚴。自非日夕留心。鮮不臨時舛誤。尚安望摸華摛藻。争勝名壇哉。兹特就本朝館閣之流傳。或見於庚辰集中者。约選百十首。授而讀之。遂附裝也。次須直以授唐律。存古法也。至於古風律絶。純乎性之所近。不敢相强。非乎學之已精。不敢嘗擬。徐而俟之。存乎其人焉。

# 論詩字

士重器識。華之或先。方今科名。文藝是末。五言不習。卒
反或疑。二四易辨。夾平宜研。首字腰字。每令錯對
須整。押韻美章。第聯務此。方可成篇。并能風雅。免受
棄捐。字貴臨摹。法帖在前。端楷光潔。玉潤珠圓。
最忌敧邪。人品所關。又或錯漏。污漫為顛。畧成体格。
举目堪觀。凡此兩者。皆所難寬。既資利試。亦助華翰。
不思學習。遂合命難。其在日用。辭語堪嘆。告諸同学。
切勿苟安。

# 策问

问古诗三千余篇。及至孔子删其重。定为三百一十一篇。其说创自何人。且以为圣人删诗。取其可施于礼义者存之。所以国风中郑卫之音。皆乱世之音也。其于礼义何取。而郑子善恶并明之说。程子垂世立教之言。厥旨又安在也。士生今日。不学诗无以言。而要必先留意于当日并述之大义。然后可以探诗教。而不悖于性情之宗。盖详言之。用在不远。

问积学要于治经。穷经将以致用。而不博其说。无以阐经之蕴也。不折其衷。无以得经之精也。易之大义在阴阳。然自伏義之畫。文王之象。周公之爻。未嘗言陰陽也。所揭之端於何徑道。既乃於著於書。而何以名書。董氏曰。易之倫五經之說。孔子斷之通。七觀之稱。六體十體。可並詳其目歟。詩正而葩。唐虞賡歌實開風雅之祖。乃逮夏及商。僅其存者。即周詩亦其大略。而三百一十篇外。若新宮河水采薺茅鴟諸詩。辭義並美。俱付散佚。豈孔子不刪鄭衛。而獨刪此歟。抑別有說也。春秋禮義之大宗。而其名春也。或謂春為生物之始。秋為成物之終。或謂賞以春夏。刑以秋冬。或謂褒善於生。貶惡於殺。或謂春獲麟於成書。其說紛紛。獨杜預以為年有四時。錯舉以為所記之名。果孰

## 家规

一事父母　二敬祖宗　三禮神明　四友兄弟　五和妯娌

六教子孫　七睦宗族　八定嫁娶　九正衣服　十约饮食

十一同甘苦　十二勤成業　十三慎交際　十四謹言語　十五奖劝戒

## 南行切嘱

饮食必節，不論在舟、在路、在館，努力加餐，惟以五穀為主，魚肉蔬菜必審寒熱之所在與身體之所宜，不可苟食。至飲酒一事，斷須切戒，非徒以省浮費也，且防廢時失事，生病并起。疾病回時視此。

起居必慎。舟中惟安坐看册。或与同伴讲论书史诗文。不必轻出船头瞭望。早晚泊舟时候。尤不宜向。船。头。坐。卧。贪。凉。耍。风。且船风可怕。忌洗浴。或泊舟时。仍不上山登岸。宜谨慎。防倾跌。所谓如临深渊也。敬身之道。固宜如是。勿以为拘迂而忽之。回时视此。

過山西當

言貌必敬。不论在舟、在旅、在馆。所遇先生朋友弟。慎尔出话。敬尔威仪。纵。以。谑。慕。遊。巽。遊。為。主。毋戏。谑。毋狎。侮。毋执。己。

見毋逞己氣毋矜己長毋談人短毋爭微末之氣毋爭不切
之論有一於此既得罪於人亦長傲於己非遠大之器也即同
伴朋友朝夕聚處互勸互愛惟須以真氣相與以正言相接
不可忽略致生嫌釁刻刻戒之
、、、性氣不忍日用間我不能忍為人氣也安能使人忍為我竟乎不
惟先生朋友輩不可動相爭著色相即如船家、行家、夫腳、
轎夫、及到省飯人、宜惻其勞憐其窮念其貧知存體恤之
氣勿　頤指　使叱咤慢罵即使彼無禮於我亦宜善
處措處置以　諒之以權用之不得思而遂發生氣恐至決

而難於轉身矣此乃最出路人所宜知者不可不謹記也
首擇地氣爽潔日惟在館靜坐讀書寫字兼涵要緊了
切不宜妄為出入或到處閒遊也
將進場時宜先期將應帶入場物件開一小單以便稽查買
備并臨時收拾免致遺漏尤切防字跡紙札等項零碎忘
捨去之至入場到號舍收拾好即宜向號舍巷大將臨
臨搖翻閱所粘各場格式等款詳細看明免致犯規被
貼出題後時　看題撰文切勿潦草勿恍惚盡己所長於
後可以功名聽之造物也終場後看各先生朋友辭回家者

多時隨眾回家，或抑在省看樣，時不得不隨眾在省，此在臨時酌量而已。

同行同館諸友尤痛癢相關也。除大頭服役諸子外，己可以任艱勞，時任之，毋使人勞己逸，不惟犯人所惡，在己亦所以交朋友之道也。吾記總之，隨時隨地隨人各盡道理，揣情酌理而出之，豈不至佳而極穩妥。所謂平心、小心二字，天下行得去也。言不能盡，爾等謹之。

又出發此在家不同，往往天氣多涼，早晚宜穿薄裘。若回來時已在九月十月之間，時不須重裘備。又及。

筆示兒曹

有士君子之行。有流俗人之行。士君子之行。以礼義為依歸者也。流俗人之行。以聲色相牽循者也。依礼義者。必不能頹流俗。循聲色者。必不可為君子。古之士君子。礼義所在。雖一國非之不顧。天下非之不顧也。而況於一鄉一邑之人乎。若云因循聲色。雖使鄉人皆好之。而流俗人之所喜。即士君子之所棄也。夙夜自問。是不可以對衾影而質幽獨者矣。孰得孰失。何去何從。勿以吾言為迂。

丙寅正月十二日示兒曹筆

## 戒諭族人

我鄉風俗由來安靜忽接何衖來去不意一旦破裂至此竊思目下各處習氣強悍兇蠻不一而足族多者四五千人少者亦不下一千餘人彼族恃人物之眾是以抗拒官長以抗差故橫肆無忌耳族試思械鬥創劫一經破案並抗不赴審而必破銀累萬盈千至於傢產賣子公私俱盡族復何以休息未已拒官抗差而銀錢可免破者今我鄉大姓不過數百人小姓不過數千人乃亦致強悍之鄉所為敢亦成群搶擄劫殺自量破了以後族拒官者族抗差者彼為所劫者能千休者即

使本鄉小姓被劫不敢奈何於他各處名雖同宗而人物多於方今鄉俗昏蒙嘗思啓蒙備問于同宗在我鄉被劫尤不群於蜂起藉口爲他報復四面截搶此等如此則一步不敢行出將何以爲生路也且各處風俗搶劫甚多我鄉所以得安靜者亦爲合鄉和睦故人不敢相擾耳我鄉正宜互相協力以禦外侮奈何自相戕害不憂惹動附近強悍之鄉乘間搶奪乎即以法律言之今日按律並無爲數千人之鄉何獨不能行之法於數百人之族乎吾恐一日破了悔之而已晚矣可各族人痛切言之如此子弟不行約束必至害及父兄

害及宗族從今以後肯改則改為不肯改則兒將自唱官府凡肆橫愛子弟受苦曰勿相怪也至若瑞珠尤屬可惡有本外出生理家有田園可耕種有妻有子不思自立而亦隨群遊眾為此喪心之了兮可名至為痛行責罵又為阿尚乃纂起程家被劫誤在阿衛一打但阿衛之誤亦為鄉族起見能有他兮及後知誤亦既親自認能且為父祖責罵這便可了若後心有不平必砍程家罰戲罰庫是直頭與兒為難也且程家失物是真錯誣阿尚既須受罰則捨他物此獨可為着落字此尤情所難通此撤即回家因近日本邑風姑此言之若眾等各顧身家此

俟各安其業於鄉里宗族之中也倘肆無忌憚怙惡不悛則鄉族從此掃地將來不至官兵行剿不止兇犯先入呈首官而已試問眾等以為何如近前數日鄉中安靜與否有命阿敵庚字未知今此等所為將來受禍甚慘且鄉中小姓仍罷不能自拔故言之如此聽不聽由他父親不必費氣

閩漯講不嘗慎倘官衙知之欲究原由恐該處土人不得辭咎也或第一大水浸漯有妨堤乃恐亦不能代諸人掩飾耳若以上之言相告而諸人不以為然俟日其了勿怪

公項就其厚當現為祠宇破漏不得不修該諸乃都宜從

省漸次節縮省之不宜過於用度上費浩繁一了而省千不十了便省一分錢今年要甚緊要之所要且姑置之俟他日厚積公項再行修理未緩也吾本擬以一百二十金便行了此今卽不行不過一百五十金也

北程鄉論

睦家族和鄉鄰此生人和平之福也少年輩不經了在而在外往之戲氣多爭竇起一日之激禍譯無窮之害甚非計也見今此上棟否俱未可知然異日不厚家族處也異族數言伏惟父親時與族人訟非但言之可忍其忍不可忍其尤須審了

度情因時料定與論家內一本不宜互相欺凌即左右鄉鄰

亦須共存忠厚苟安分守理亦何至起不可忍之爭來

## 宗祠禁規

祖祠乃神灵依托之所。族房蕃繁。俱由此出。我等房人子孙。方且於四时祭祀。就業形業殽中。默將诚敬。藉以妥先灵而邀遐福。况庙宇赫然。固形象森严之地。豈可任意亵渎。以僾見愾聞之所。為众人藏污纳垢之場乎。年来伯叔兄弟等。每因居室逼隘。凡年间收禾麻豆稻麦等項。動輒堆積庭階。漸而塞满廳堂。以至寝室東西。穢雜非一。神龛左右。塵汙难堪。独不思我等自己居室。尚且日夕掃除。務取潔浄。奈何以祖宗祠宇。慢褻若此乎。是視大宗祠宇。不若自己

居室矣。以之奉祀 祖宗。既若此理。揆之为人孙子。心何以
安。前此些法。多历年所。姑不具论。现屋园稻成熟时候。逐復
仍前堆积。实极褻不敬祖宗之甚。切告伯叔兄弟等。嗣后
收成物件。毋使阻已居室通隘。宜在祠外设法堆曬。断不
可互相依様。竟向祠内积渎。若復仍前堆塞。最是以大
宗祠为纳污之壙。而故令残毁也。迎觉不论何人。即时会
众搬出祠外放火焚烧。抗玩者送官法究。各宜以敬 祖
之心。为有德之日。勿贻後悔。特此告白。

# 雙親行誼節畧 丙寅歲敬述

家嚴二十三歲游泮。副補增廣生員。乾隆五十三年。由本縣經本學衙嚴詳舉鄉賓。去年本學鄧復奉督撫大憲。咨舉為鄉黨間秀士耆賓。以善交人。准即送匾優獎。現年八十有七。生平嗜學。晚而不倦。自少家徒壁立。能清節自勵。一毫不苟取於人。獨性好賓客。於同氣友朋誼尤篤。每晨夕過從。罄所有。杯酒言歡。最爲樂也。或親鄰貧苦。量力給賙。雖稱貸以與。不稍靳。所處鄉族間。惟務相率以善。相飲以和。俾各彼此口角。輒諄諄勸解。或加之大報疾。皆不忍於兩俱釋結不已。如是者〇歷數十年於茲矣〇以於宗族奉房者祖〇並歸贅人撫子〇並不信而憂之也〇中年而孤〇痛仰了之不足〇迄今時向諸子孫道及前了〇稱總注不勝〇其弟二人〇皆從艱難窘狀中〇賴其支持撐立〇處子姪〇產而其恩〇可耕者耕〇可讀者讀〇總以從了正業〇勿使浮游房主〇家母亦現年八十有四〇其房內助也〇清苦勤勞〇積成多病〇了翁棄〇尽得歡心〇以孟旁而烟煙〇下而子姪〇忍以寬〇慈以畜〇寬其孫人所孫難孫者〇家產常常服之〇子三人〇長次皆謹愿力田〇少即某也〇孫男十餘〇其目長男出者〇一邑庠〇一業農〇一尚幼〇自次男出者〇一業儒〇一邑庠〇其二尚幼〇自某

出城。一邑庠。生三尚伽某家貧。不矜裘錦裕饍。少慰双親暮景。謹陳梗概。懇揮椽筆。賜七言律詩十二首。即以奉為家乘之光。感佩靡既矣。

辛丑留京禱關帝君祝文

具祝文人廣東潮州府澄海縣弟子黃某謹拜首稽首叩

禱

帝君壇座前竊惟人情莫重於所生○而所生亦期於

榮顯○無榮顯之實○惟聖賢能之○下此則不能○榮顯○要惟隨其所

遇之時與地○自盡其心之所之○力之所及而已○念某自祖父以來○

益篤厚德○務隆良實○自守○業且篤敬苟且爲況○神靈昭昭○座

共驗之○而某父生員黃某一生耕讀○勤苦尤甚○母許氏支

持於內○勤苦爲之○今某父年逾八旬○母幾年幾八十○而某尚

叨天之庇○年少登科○中式乾隆五十一年丙午科舉人○內顧

自問年獲已多。此外豈復敢萌妄想。馳心於富貴福澤之途。惟是某 自念父母一生勤苦。迥異尋常。乃及年老而不得稍閒。而某 又不才。不能大有所為。而不願妄有所為。守風雨之敝廬。勉支吾於蘇水。仰顧白髮。不足於養。此豈貧富貴賤。實為命之所在。而在某 為人子之心。則固不能晏然於中也。是以庚申之冬。不憚別離高堂。拮据來京。謀冀徼幸一第。以博老親之歡。而命所未通。願弗克遂。思欲留京。再圖壬戌春闈。而家月遥之。兩親懸隔。此心不能自已。且恐甲科無分。遂負倚閭倚門之心。則為罪滋大也。思欲回家侍養。而疏游經

年○依然舊時面目○揆之顯親揚名之義○竟無以少慰親心於

萬一○而復何以為人耶○特中夜涕淚不決○敬禱 帝君伏乞

回天之力○冥冥之中○佑我雙親○使得白首無恙○某亦不知自

已應得年數幾何○願將此後所足年數除減以增我雙親

年數○螻蟻微情○祗為吾親起見○ 帝君赫赫○實鑒此衷○

倘蒙於昭之神○俯憐祈禱之忱○乞賜靈籤顯示吉凶○某不

勝徬徨懇戰（悃）○（慄）惶恐之至○謹具祝詞上陳○

壬戌家中禱天地祝文

具祝文人廣東潮州府澄海縣民黄某○緣某父生員黄

某現年八十有三○母許氏現年八十○蒙天保佑○俱各白髮

康寧○某又叨天之庇○年少登科○一門以内○或耕或讀○各得所

業○重以二老康寧○子孫滿眼○上帝深恩○實出過望○惟是

某母一生多勞○致自上年十月以後○雙兩目壁障○不能見物○母

日夜自嗟自恨○某等為子為孫○情實難安○念係係内治○

依下醫藥○藥無可仗○計惟籲告上天○倘某罪有可寬○乞

賜母目復明○或某罪無可寬○則移重罪於某以全母目○某甘

螻蟻〇實已知覺〇覆載深恩〇永々無極〇有此具祝〇明々在上〇

伏冀明鑒〇

大清嘉慶七年壬戌十月初一日夜黄某謹稽首頓首具

# 丙寅禱仙師祝文

弟子黄某○謹陳情詞命於 仙師座下○緣某 老父黄
某現年八十有七○近歲以來○時多疾苦○始患肺癰○繼患腎毒○遂
復脾土不堅○多食燥熱等物○本月復發於素常脫肛之餘○
口忽發瘡瘡數枚○痛苦不勝○此皆某等不能克供子職○善於調
護之咎○今欲治之○深恐傷脾胃○熱恐益瘡痛○徬徨究度○
不知所為○伏惟 仙師力能回天○仁常濟物○乞 賜良方○指示
速愈○俾某 老親得緩痛苦之患○即某不孝之罪○藉以少減矣
一○天地高厚○海嶽宏深○某當闔門戴德○沒世銜恩○謹稟○

某母現年八十有四。自壬戌年某疾旋。兩目昏障不能見物。外間話此係老疾。不復可治。某窃念仙師大法。乃有奇方。倘某蒙有可寬。愛乞再賜示精脉為明。

某胞姪阿波。現年二十三歲。自本年八月腹痛。至今醫藥罔効。此子勤力耕種。某兄一家謀食所係。今一日未食。連某老父母亦日在憂危之中。千祈仙師仁慈法鑒。一并賜示良方。全其性命。所某與老父母合家共佩仙師之德於靡暨矣。謹此附稟。

## 文昌帝君像讚 并序

世人祀文昌，以居主科名祿籍也。考文昌六星在北斗前，与魁杓相為揖讓。蓋昔有運中央臨四方之義焉，所謂天帝司命有由來矣。顧在天為星，在人為神，而凡我儒林莫不欽為俎豆也。讚曰：

維帝之號，稱天六府。觀象明星，啟文為主。垂訓覺民，廻瀾砥柱。玉尺指揮，文明爭覩。赫赫煒亂，綿綿鄒魯。亦有古人，褒衣進俯。兼司祿籍，亞資藻斧。奚啻壇圭，白駒野氣。有拱居魁，年法不渝。拜手揚休，先師萬古。

褒衣一作朱衣。奚啻壇圭一作蒼韓作鯨。有拱居魁一作有芒尸魁

# 魁君像讚

斗爲帝車紫宮外府神司居魁左杓工更由璇向璣權
衡交舉運乎中央臨彼九宇左右六星經文緯武炳炳元
精冋視萬古珥筆雅霄凌雲爭覩億萬斯年普天率
土不懈益虔馨香拜稽

## 関帝君像讃并序

孔子成春秋。而乱臣贼子惧。帝君读春秋。而纲常名教昭。武功文治。並功经纬之不同。大義微言。实渊源之若揆。是以関西地别山東。矣襟名侍夫子。当日扶漢剿魏。浩氣直塞宇两間。厥神靈凝伏魔。英風永賴宇萬世。後学小子觀矣末由。景仰維切。謹拜手稽首而為之讚曰

蘊義生風作象茲。魯卻而下奈么存。君石慷慨披肝胆。兄弟纏綿篤本根。未了寸心懸日月。至剛浩氣塞乾坤。協天孫古精神在。何了人間叩帝閽。

去鄉行入

鄒姻翁 令祖母黃太孺人像讚

梅嶺之蘗，嘉郡秀毓。窈窕丰姿，情華而肅。淑盟嬰性，成眉案賓。肅克儉克勤，以似以續。既柔順之應坤，遂沖和而淑福。康寧誕其肌膚，光大食於茅馥。壽海源之萱花，簇簇之慶，積於餘祥，定於卜。信哉女法之貞，母儀之鏡，行看而徽而來，彤管所不勝錄。

余明經 經魁先生像讚

惟翁之神，上追古人；惟翁之貌，深涵玉道。經明行修，法治身，深仁孝自天，忠信為寶。春風駘之移，陽皓之渠，闡揚耀着英遺老。前烈增光。後昆有造。鳳翽麟騰。蘭芳桂馥。不騫。生福。能常。保。抱斯貌。斯神。令人心。仰。

曾正傑　令尊令堂像讚

風水右衍。象山亭亭。水秀。山明。毓奇。厚精。道翁生而淳氣之精。玉性純篤。孝友克庭。行懋有首。逹之修諫。生身慊慊之守樸含真。鉛華盡脫。飲人以藹。無間鄉族。樂有儀型。既克生家。遂獲從事名。方以訓子。庠序交榮。土積。而厚。源遠。而盈。壽五房。伯壽三。仲。朋祥長家室。瑞蔚孫曾。承承繼繼之與京。

天地之理。陰陽而已。唱隨繼起陰陽分焉執彤管紀蘭臺傳列中。壘。古稱。女。士。其志。有。以。懿惟婦人。內助之美。應坤承能。柔順自矢。曰靜曰肅。性情所止。祇爾翁姑。和於妯娌。夜績相夫。字獲袁子。無非無儀。酒食是議。第曰儉勤。來頌壽觴。宜其室家。誕厥繁祉。瓜瓞之萱花。綿綿遐壽。嗣徽而承。以續以似。

家惟香翁洪太暨洪太君像讚

惟公樹德。行誼無傷。植之其身。勤之其職。居屏鉛華。無懈心加。曰妙化居。尤工推測。九算九章。微徵造極。神与巧會。忘形可溯○並君智○箋窺其域○紉左庭幃○名彥之式○或孝或友○怡之翼之○公則畝修○務因禎柳○量以法漏○福緣善積○席覲楊輝○泥於赫突○視此丹青○雲初增色○

○秉陽與乾○秉陰則坤○曰柔而順○歸法之根○堅惟疆人○終惠且温○相厥夫子○敬戒中存○以修盥漱○翁姑是簉○以和燠煙○休戚維均○凡所操作○勿怿勞○親其乃麻○紝絍閨閫○報答無他○無儀○克儉克勤○能尤彥子○期底成人○蔚為佳氣○爰及諸孫○紫誥榮膺○昌大其門○蔓延繁衍○宜爾長壽○

家惟唱翁暨配太君像讚

家逹随時。修短惟命。勿加。此。之。云。第魂。生。行。鳴呼鳴公。少而穎聰。四方有志。矫若游龍。飄然独往。遨遊舊壤。方期有為。忽來夢想。雄心未試。壮志旋虚。纔及中歲。復也何為。魂魄岂杳。精爽未了。厥弟依依。貧裹思紹。遍頤諸男。惟孫克堪。以继。以承。曰次。於三。身通並壽。兄子挺特。永厥馨香。長此不忒。静。爲。归。道。貞坤。归。法常爱。殊。境。此理。不。易。賢哉惟孺人。柔嘉可則。相攸而來。婉婉猗若。步節瑀璜。業勤紡績。舅姑致虔。眉案必敕。家介同心。有真无飾。既而偕老。所天不淑。嗟嗟鏡然寡。

有標磊落。蓼茶回甘。松霜困救。嵇子英。以木乔永脈。以孝以慈。行成名植。寿孝考維祓。未量所極。

家尉西同年　令尊令堂像讃

君子行法法。達人知命。々可平心。清明守正。以守以平。福履之應。能之世居身。必居子姓。恭惟　伯翁。玉性冲融。昂霄。皓鶴。發岫華。桐天齋之速。道遠而豐。亦越　孺人鍾郝之倫。賦姿柔順。秉節清純。名彦桂礎。閨閫彝常。唱隨濟美。陰陽齊軌。精菁於天。祥厚於理。有耀之光。綿々繼起。於戲休哉。方興未已。

家尉西同年像讚

嗚呼吾 兄。幼而孤。莞玉性天恬。性少即自立。克大厥光。積籍充汗。精力固彊。惟直是養。剛健正方。乃伯仲父。諸昆季令。從容禮法。卓犖庠序。鯤遊鵬運。高識於鄉。公車屢躓。詔徵之常。大。器。多。晚。厥究。誰量。何期天奪。嗟殄于京。旌母表節。夙願已寧。惟昕。抱。負。展布。未宏。嗚呼吾 兄。形厥即艾矣。願并後嗣。永永厥生。

家法銓 令祖父母像讚

惟天相法。厥福不例。惟法受福。以孝孝肯。恭惟某翁。人倫之叀。少而穎聰。長益敦厚。智足創垂。法兼孝友。上推所生。捐悉設守。積累之勤。可大可久。蒙篤其昆。撫孤恤後。俾克弓冶。匪惟口手。凡茲大節。倘堪不朽。何論其他。純。斫。周。魂。宜有天眷。及身壽耇。宜爾子孫。驥。驤。鯨。吼。儀式長存。發祥誰紹。女。箴。女。史。古多成。書。行而有。合。閨閫。令。譽。茶惟孺人。柔順靜盈。來自禮族。法相其夫。行修荊布。步節珩瑀。旁洽妯娌。仰奉舅姑。方翁於翼。憫於遠張。孺子撫之。己子不殊。方翁隆奉。慨於祀祖。孺人助之。日以贏餘。其教諸子。凜若師儒。編牒譜以美里閭。諸人所難。獨力補治。嗣山徵結。起永垂壼範。

朋社令弟令堂像贊

恭惟妹翁。凜猗高風。并倚於立。能葆其衷。操不絕物。信必由中。達覌直進於古。城府不設其胸。享治平之清福。消憲俗慮。以寍公。歛用世之華。而即家以為政。庚用心之慶。而被後以崇功。斯洵岳嶽之雲概。植之雲影。宜孫曾之林起。蔚佳耗於蕙蘐慈。

先司他而有耀。世將遠而益隆。

懿我孺達。宜其家室。少而婉娩。長益順適。慈能逮下。儉不多飾。事翁姑以怡柔。群妯娌於和悌。相夫子以無違。執麻縷而圃敹。斯內助之徽音。為壹閫壹所矜式。自古法稱鍾。礼稱郝。孰

詔於今年乎匹。宜以蘭茁而芳。祥流而溢。瀾壽海之源々從

孫曾於膝々。於戲家人。六二貞吉。

曾祖伯某翁祖姆某孺人像讚

风水之雨。圖豪之囊。地毓於靈。公胎乎滸。仁孝自天。親長祇

肅。上壽介眉。論議交視。綽々怡々。稱鄉黨族。觀斯孝弟。由諸

恩渥。既飭倫常。迄於敦睦。歷字奉先。翼張振羽。屏視騰

輝。垂師訓整。方正表恭。罔消還伏。古稀者々。古貌嶽々。允

迪前光。允昭嗣服。蘭茁乎芽。桂森乎馥。拜手頌公。永葬

式穀。

昔左鍾郝。禮法彬彬。亦越陶柳。母儀閨閨。斯何違範。先後一人。柔順貞性。淑慎其身。既鍾婉婉。遂垂縹綸緡。雞唱反而。眉案抗巾。敬於采藻。佐以肅賓。翡翠勿飾。操作必親。友成於子。惠積於鄰。先克勤克儉。以厚以仁。此謂禮法。家室枝有倫。此謂母儀。以續攸遂。是宜蒙蔭芘簇。嵯景雲臻。於戲壼範。子孫振振。

## 太姻祖張某翁像讚

法備五福。既辟之詠。仰惟道範。胡不心儀。和氣飲人。以已惠時。春風自性。秋陽其姿。仁安而壽。善積而禧。前迪而光。後裕而

垂瑧瑞蹀蹊維駰維騏綿綿繩繩寔寔祁祁蓋天相法振古

如茲

陳太孺人像贊

易昭六順禮重四德無忝匪終振古歸成恭惟孺人母儀是

式壼範洋洋兒孫繩繩羡壽命之昌遂道鸞福履厚為積揆

厥由來匪依朝夕姆𧗟夙興雞鳴晨飭相夫子以無違澤仅能

而勿教是用誕厥嘉祥流為厚澤蓋坤順之應無疆而安

法之貞雖洞雲彩秀形貌所輝而母儀之所生色

年伯陳某翁像讚

武王銘曰恭壽。孔夫子曰仁壽。韓嬰子曰智壽。壽其久也。法彭。所愛從來已得。拳操不易。恭惟 伯翁。行己也恭。幽潛以智。仁智孝因中心。追步於天保定爾。以迪覺前光。以照來許。桂子聯翩。蘭孫宣研。蜚報庠飛。猶其餘事。故夫岱崇於壤。河大於遠。命作於人。而慶餘於善。何修算溢鈞濱。矍鑠其身。更看光堪照汗。彩色長新。

蔡磯人像讚

積善之家。必有餘慶。士庶稱曰肥。實操內政。惟磯人之處坤。

毓和柔以成性。质本兰蕙。渊姆训于十年。虔修枣栗。卜凤占于丙烛。舅姑所适所以问。并蘋藻而进馨。伉俪所相对如宾。偕眉案为辉映。克俭克勤。必戒必敬。力追鸡鸣。心纪糠靓。归法既贞。福眉(履)所偕。瓜瓞绵绵。孙曾提提。祇知善气所钟。大耽量岂究竟。

沈烟翁像赞

惟孝惟友。法行要于家庭。能觉能偏。仪式(型)于乡里。此先民之风规。越近世而波靡。恭惟　翁。以绩以似。仁厚同天。忠信为轨。惟和气以饮人。能戾情而执己。综斑衣戏。犹存孺慕之風。棠棣花開。居然孔懷之理。內行攸敦。外望輒起。睦族敦宗。持綱墜紀。既攘遠和。宜膺福祉。鶴籙增以古貌。芳香毓於桂子。奕〻才長。綿〻勿已。人由此以考祥。吾於茲而視履。

曾綿治像讚

我覿君像。我懷中愴。我憶君神。我涕沾巾。君之像兮無言。君之神兮猶存。生力學以繼志。今。恩貽令名於親。恩誕東彰於奎璧兮。游之於詩書之源。退然若不勝衣兮。獨屹〻不變於齊。方盛名之四起兮。羌抗業而未及乎門。覘法器之深潛兮。佛揆藻之紛緼。我騰高騁而致遠兮。認星漢其可捫。殊文章之慚逮兮。嘗黯然而游魂。謂我門之傳公信兮。果天道其何足論。情亦神之不朽兮。長比法於玙璠。我揮涕以及頌兮。尚歆尔於蘭芽之薦。

表兄足翁像讚

廣業所以承先。敦倫期於濟美。而或退處其時。安知有而以以。觀其貌之若耶。覺餘芳其可紀。神周儒雅。義表標之翬飛。力闢菑畬。看田廬於雲起。綿厥前徽。庶其不廢。而況塤篪伯氏。昭辟雍分社里之光。珠發仲兄。昭叔價垂鄰人之齒。迍迍之隆也。慶何如矣。余蓋言之不足。而不禁長言以歌之曰。有美一人兮。秉心如矢。居業維勤兮。信雁行而聯恃峙。又歌曰。前光不佚兮。後胤維利。循之無窮兮。知由形乎不斁。

某翁暨孺人某孺人像讚

斯何象耶。佳象葱葱。斯何神耶。英姿瞳瞳。偉觀揚輝。馳駿翻於海國。精心致遠。瀾大業於𣘦叢。抑安傳非之度。偉哉遊迹之躬。迪前迪（惟）前光。疆理增式廓。昭前木許以續藉以幹幪土之沃兮。既厚源之遠兮。何窮根法由斯。將含光而積慶。

發祥有自。殆奕葉而彌豐。吾聞居傳家之遺躅。於以頌儀
範之清雅。
嘉耦曰妃。乎青野山徽。伉儷之賢。乎法野傳。慕惟彊人壼範
便之賦。姿本淑。秉惺性惟淑。慕扶風之七戒。嫻姆教於十年。
步節珩璜。動協雞鳴之度。虔修蘋藻。雅近牖莫之篇。
時而眉案賓肅。能建以相夫子。時而蘩盎黽勉。克儉以助家
權。母儀固教。坤在能建。頓莽驥子桐孫。共欽壼範。行看光流
秀發。永垂辰綿。

某翁像讚

維翁之神。質追古人。維翁之貌。深涵至道。仁孝自天。忠信居室。春風融融。秋陽皎皎。褒鄂悍乎英姿。辟雝欽居遺書。既前光之不佚。先後嗣之有造。鳳戲兮麟騰。蘭芬兮桂蕤。不刊乎法。能常乎抱。斯貌斯神。令人心仰。

某翁像讚

風之光兮月之霽兮。仰惟令範。心焉儀兮。和氣飲人。公已惠時。神清奕奕。貌古祁祁。胸不立乎城府。量莫窺乎際涯。仁安而壽。善積而福。前迪而光。後裕而垂。蹡蹁蹀躞。維熊維羆。

行看休徵桂苑。奚翅香滿芹池。吾辰覩家聲。而益欽乎儀。於戲。惟天相德。振古如斯。

## 某孺人像讚

昔于中壘列傳。備著閨型。越女蘭臺紀載。特標淑績。蓋坤順之在乾疆。而女德之貞永式。恭惟孺人。母儀的的。助內以勤。律身不飾。相夫子以無違。子翁姑而靡斁。並姆教之書嫻。實柔姿之性適。是宜萱花松茂。壽海天涵。家室誕以和平。孫曾蔚爲奇特。信哉嘉耦曰妃。遂爲家乘之所生色。

## 某孺人像讚

母儀曾称陶柳。礼法閑於鍾郝。恭惟孺人。寔追芳躅。婉娩女姿。清和而淑。盥饋性成。眉案賓肅。克勤克儉。以慎以續。既柔順之和貞。遂沖和而綏福。康寧誕臣肌膚。光大含於芬馥。鶴籙方長。螽英和簇。慶積於餘。祥定於卜。行看蘭徽而永。彤管所不勝錄。

## 某翁像讚

氣佳哉。鬱葱葱。奕世光華煥此中。駿敍飛庠覗。大業闡繇叢。當日遷種保家慶慶。此後疆理席先公。根法應匯。將孚精而毓秀○寔畀有典○宜及耆以遠躬○匪神既和○匪光所鑒○是蓋言之不足○而長言以歌之曰○土之積兮必厚○源之遠兮瀰瀰○吾將由貌而追神兮○彼丹青之所猶未罄乎矍鑠之翁○

## 艾翁像讚

維翁之抱○秋陽皎皎○維翁之容○春風馳馳○超然出塵○人愛雲間之鶴○蒼蒼毓秀○節肩嶺上之松○玉軸牙籤○既麟麟而炳炳○芳蘭郁桂○亦蔚蔚而葱葱○奴所愛不可想便便之腹○婢亦知壺○況乃簇簇之壺○於以眷壽筵之吉○於以垂稚儒雅之宗○蹤所向乎法器渟渟○利後嗣以式穀○而何但威儀抑抑○為晚近所稱宗○

## 某翁像讚

恭惟某翁。法立教家。穎敏秉性。仁孝自衷。幼而向學。長更通功。謙協於物。義修其躬。驥方展足。鶴忽翔空。全真蘊璞。將天厭終。有子秀發。其光熊熊。諸孫競爽。蹀躞雍容。未有艾也。與法俱崇。

## 某孺人像讚

家人占吉。內宰典功。必敬必戒。歸法歸宗。仰惟孺人。婉娩閨中。棗栗既順。盥櫛克恭。珩璜其度。淑慎其躬。蘭香桂茂。式于女紅。儀型陶柳。孔法郝鍾。古稀介祉。福履日崇。孫

曾○聚○仍○萱茎○茂○松○古稀壽母○閫範乎同○

## 某孺人像讚

易利女貞○詩宜家室○柔順自坤○專靜乎法○海夷姻之○歸功秩秩○相攸歸來○暇脩東栗○起孝起敬○雞靜鳴盥○櫛○左御如賓○鼓琴鼓瑟○夷吟九熊○字六荻畫荻○何經何儀○惟機惟織○治家以勤○助內有式○斯母儀之長輝○洵閨芳所罕及○自古鍾夫人○郝夫人○並語於今無乎匹○宜爾萱茎松茂○桂子林立○介壽稀齡○根根繞膝○所謂慶積而餘○祥流於溢○以此垂後徽音○試看大有上吉○

## 某翁像讚

我聞維祺，必歸壽考。言厚無法，曰古之道。恭惟某翁，古心古貌。仁孝因天，忠信為宝。經明行修，法被身潔。春風融融。杜陽暖暖，惺葛先民。椽芝遺老，渠閣揚輝。天庭摛藻，光大前光。後昆永造，達風翩翩。麟騰蘭芬桂籽。慶積而餘，源深而好浩。有美必臻，無法不報。卓哉典型，欣茲頌禱。

## 郭翁小照讚

峩峩清奇，超超高標。松風作起，碩古嘉而諧。吐納雲烟滿袖。頤聆蘭蕙盈階。繞膝賣童。將是天飄桂子，分香碧槐。何減蕣剌笋杯。彷会心之不遠。知彼染之晋排。吾贈之以句曰。秋水長天際。精神分外佳。西來有奥氣。此境與誰俱。

獨樹家瀾翁小照讚

唫之清奮。冗之高懷。嶽。情。瓦。概。珠潛。瓦。胎。既俯仰之性遣。自頤盼而心識。或怡彩於庭柯。移風環之。或飲香於玉盾。竹露堆之。茶罍圖畫。與悠之瓦影往。蘭孫桂子。瑞簇之以盈階。斯洵字清境輻湊。何異於佳氣洞開。試看渠閣揚輝。芳椒馳於藝苑。觥飛門庭暉喜。福履綏其基。

揭陽某翁小照讚

有酒一壺。有竹數株。寔則羲葛之侶。寔則南陽之廬。詩言到。之趣生餉以風味。怡尔號兮。鳳尾拂乎蕭疏。形骸之脫暑。即俛仰乎文錦。而何羨於華屋。而何阻於世途。

家惠亭翁小照讚

有柳一株。有石一隅。伊誰宛在。乎神清腴。不冠而服。編簡是娛。徑可通幽。虹低垂而飲澗。時方攬奕。山極淨以列圖。最愛楓舟。烘餘霞於夕照。畫之蕉綠。播奇字於草廬。時而香則滿衣。話是芝蘭之室。或當童來繞膝。歡對老蚌之珠。

不屑鉛華。應留芳於晚節。始共百陋儕。還入世以真吾。試看籬菊擬存。彼為其久。異止丹青入妙。確乎不誣。

林丹崖　令尊小照讚

我讀蔣防讚圖。有美一人宛然。試看鶴骨松貌。亘之泉停谷密。貌附容形字內。獨目貯青太初。與玉逍遙杖履身分肯立奚叔。雲夢胸湖貌許。名利眼中金無。異哉憑生逐之誰辨此之真吾。

張宗理　令祖小照讚

天地之秀。鍾而為人。維翁之秀。發而為神。清華生氣。潤澤其真。為玉為璞。為竹為筠。數采丹葩。助清香於碧几。一爐薰馥。參逸氣於芳辰。恍惚謝堦。蘭畹競慧。繽紛藝蕾。帙且編緗。視其所由。直繞古心之趣。從吾所好。居然為人人之身。此為天地之秀。庶幾幾其出塵。

家法虞翁小照贊

惟芭之香。可以集裳。惟麥之味。可以滌腸。神之聚兮。發發其芳。大塊貽法洙。挹注無所量。濟然但不津。自遠覺兮光。瓣香行樂愛兮。與一何長。

周先文　令弟小照贊 并序

周生先文。余壬子科所拔尉郴陽一單某也。其爲文根柢經史。学有本源。来謁日叩厥所目。知就傅而外。課督於其尊人某先生者甚嚴。殆所謂乐有賢父兄者歟。生因退而以其尊人授經圖。乞余言爲贊。余嘉生之能仰体庭訓。而篤志以有成也。書以付之。 贊曰

郴陽之濱。山海交錯。秀鍾於人。翁其继作。少而清修。爰益典学。慥慥其身。蒸蒸所乐。雅量融融。英風嶽嶽。恥佯現以騰赧。附儒林而結響。既先由乎前光。用克開於後覺。瑶環瑜珥。称其家兒。蹀躞瑑璃。嶄然頭角。駸洵乎龍門之

桐。高百尺而無枝。惟視彼蘭具之馨。穗十蘂而不勝擢。

某翁小照讚

斯何貌耶。朱霞姣姣。斯何神耶。白石(鶴)振振。温其如玉。趙子出塵。蕭灑桃源業。古今怪萬古因。素履既往。清趣斯頻。時而繞砌同心。蘭芳其友。或以怡其芳性。柏以為鄰。更愛童稚。稱家兒於玲瓏。五之蛾術。無佳氣於冬麟。斯尚其餘慶滿庭。華清香之旣滴。而何但古稀積算。羨衍紫之及壽。

瑟瑟金風秋起。藹藹蘭室同開。有美几坐。歎吳室芳超

超○知君雅趣○追古貌而恢々○仰拂棟樑之柯○高標迥々○近
覘嗅芳之場○翠色堆々○最愛嫩綠半甌○傾泛々於碧椀○
劇致瑜珥滿膝○繞簇々之嬰孩○可以各守一藝○油々鄧
氏之宗○可以共成七業○柳々劉家之林○對此天休庥○君應
莞爾○並泛前風榜○予尤快哉○当不僅勝趣怡々○足以永
日○行且看珠光滢々○由此胚胎○

# 自題小照贊

桐方百尺，氣疎而韵遠，其品高也。石茲一拳，理密而性堅，其介堅貞也。然何人歟？戴桐之陰，憑石作几，頎身古遠，團頭修議。噫吁嚱，危乎艱哉！於嘗竊聞古人之言矣，周道如砥，君子所履。早夜思之，夫誅不可也以已也。

# 題家欽向法庚二翁遊春園圖 并序

遊春園也。吾家欽向法庚二君樂善也。二君素極高雅。清儒士風。一家中志趣相投。形作殆不少。隔。余每謂其有亭亭之慶表表之概。辛亥春也。見遊春園。蓋愛好之。蓋二君之樂善在是。其見地有不可及也。用并數言於端。而樂為之序。

浩浩乎其天地之無垠。蔭如油油乎其性情之不可強也。將叩洪鈞之秘。定當騁懷也。試探索篇之機。何須閉戶。乃或探冥奇。並結歸芳之伴。柳或蕭條空也。坐處展翠之衣。聽取靜矣。靈臺拘也。大紅千紫萬也。輸奇自天。吟俯少寄仰視。欣攜任我。此高人之逸興。所由遣愁。而達士之襟懷。亦用神寄者也。樂哉斯必。盡桂遊也。方營室之左。日正女夷之鼓歌。以蕩風來。㬉生機於蓬島。為膏雨過。湧餘潤於澄江。處萬物之可玩。誰野無情。惟其趣之相投。乃堪共適。於是嘯傲良儔。從容芳體。杏花作放。人來錦帳堤邊。桃頰初開。步入朱樓樹下。看垂白之來遊。煙籠竹里。問踏青之何處。露挹槐衢。攜到擷翠之儔。乞得名花於洲景。話將明媚之容。遙指勝蹟於神山。雲日暖於行間。真綺交而縟錯。精神溢於物表。時觴詠而寫傳。我佩子歡。野田同猶有衣冠。目過心遊。性情间自成天地。我野家有花画。触景而发记向之趣。丹铣古灶。逐物而分。变理之精。刘憐冰渔春溪。王廙亦知可乐。更看滩险赋作。谢家独爱留题。岂新休文之诗。远资感喟。若登彝雾之庵。室携咏归。况乎修禊兰亭。一门尤足千古。厚欢桃李。乐事。遂兆美谈。凡此泽畔行吟。孰能旷怀高致。欣将缘掌摩摩挲。擬议于云烟之际。秘作图画烧楮。铸卷于尺幅之间。

题半窕居士冒雨寻菊图

香中别有韵。清极不知寒。梅固有之。菊亦宜然。异哉此翁。

瘦骨嶙嶙。愛尔高潔。助我夕餐。悠然常去南山下籬下。
不覺風雨滿城。

# 題百壽圖

福者德之徵也壽者福之首也德莫貴於仁仁之所性貞而形
足自固故聖人謂之仁壽德莫靈於智智之所神完而氣不移
奪故後賢謂之智壽仁且智德之大者也德大所福大而
壽在其中矣然所觀所圖者在德不在壽
惟天相德惟德受福而莫難於壽富貴者壽之華也其
貴而富者矣有富而貴者矣而壽則不敢必也故五
福以居首焉如華然得天者正而植根者深則其爲
華也久富而壽華而潤者也貴而壽華而清者也清

而渥。則其為壽也脩矣。故曰富貴者壽之華也。而要不以壽永之。永之於才仁也云爾。仁則其得天正。故聖人曰仁者壽。永之於智也云爾。智則其植根深。故韓嬰曰智者壽。此德之茂而福之實也。是說也。余於是圖乎得之。用以見翁之實而華茂如此也。謹為之序。

# 菊影

有菊兮菊言观其影偕缘互空非杷可並沐雨披风或苍或颖
姚甘阮逸烨然独醒
维菊之秀八月之时冷香未起别韵谁知纖妙闲雅蕴静岁蕤
浚为自知拂拂东篱
莊园可菜苗七奇佩为其所秀发凌霜不败寒莞空道腴完在
逸士依依真人采采
茂起松柏菊越芝英靈堪所赋骨秀神清早植晚发五美孕精
影犹如此令吾移情

嗟哉彬卿

# 霜中能作花

神泉規海賦　以坐見萬里之波濤爲韻

洋々乎大觀也既有過於海者而況神泉四望滄波三裏渺　漭
渺烟騰昏昏霧鎖乘槎而去昔有犯牛斗之人破浪而來時
送淩風之軻舸彼夫孔聖寓目在川尚嘆其如斯盡思仲
由喜聞好勇何因而過我倘有志於域外之規何妨試作天
上之坐爾乃望洋而驚向若遠見龍宮深藏蜃樓怪變記
得仙都九老瞬回何從浮來鼇背三山金碧欲眩雖或志
瑰瑋異於南溟猶未超鉅規於赤縣惟其納百川而不擇
細流乃足標九瀛而獨開生面則見夫左濱甌閩右徼徼

崖巒撼漢柱於空濛，引秦橋而長蔓，既沖激以無邊，遂崇漫而極遠。鯤鵬化出，堪誇莊子之遊；木石銜來，徒勞精衛之怒。其奔鯨也，則跋浪與溟渤；其迴風也，則射波而闖鬯。其鹿白而出素也，若元圃之玉積；其沐日浴月也，若赤城之霞起。斯向乎際天地以萬數，而何止論曲直於千里。由是而天琛育怪，雲錦孕奇，珊瑚獻彩，螺蚌生姿，依若木而炳蔚，聚海市以離披。桂席而前，君入漁人之夢；揚帆可採，不勝舟子之私。此則笲求飽凝，徒等陋鱻，夫安騁雄心於不極，縱逸興之所之。若夫山水幽人，行吟澤畔，邱壑秀士，嘯傲烟波，時或觀其所感氣直欲与相摩巨壑雲連祖瑩之詩雖已刻島碁布仲宣之影何如於斯時也近攬群山之勝目極萬頃之濤文昌秀出雪浪周遭噓氣開時一綫之天門忽斷狂瀾灣處萬古之地軸長牢何歸墟兮杳杳絡衆水兮滔滔且往觀乎神泉於斯為極雖為水也濠濮未足稱其豪

# 湖山賦 以山色平分兩岸青為韻

由鳳城而西北。有掩映之湖山。上則松扉幽敞。下則渚流漩澴。数頃漣漪。平衔青翠之影。幾層窈窕。俯映瀲灧之濱。簇簇嵐光。想從澗底移出。油油黛色。直与波间迴環。遂令生面别開。落青葱於幻景。遥情欲寄。聯縹緲於碧寥。原夫是山伊始。惟銀其名。因清流之交縈。遂合景以定評。邐迤則烟棹風帆。帶韓江於圖畫。平臨則翠崖紫岫。襟筆架而縱横。湘橋雨來。擁金山而層層翠積。鱷溪風去。静湖彩而靄靄波平。爾其隥陟澹漪。淪漣清堤。捧来峰青一朵。紅繞祥煙。漾去浪

碧千尋雲拖水墨老君岩上弄玉簪兮玲瓏紫竹庵前繞蘿
帶兮鏤刻不比烏羊伏虎雖尋鏡湖之光亦有白水噴珠終
遜環山之色曾書易記清文之雕刻猶存倘繪以圖粉本之
流傳亦特當夫朝烟欲滴旭景初啟乘風斂霧待月濯雲臨
九市之旗亭依稀仙子酤一城之雞犬彷彿匡君時而茂壑
花亂、愛山意於春郁時而隔溪人語乘湖舫以夏薰更看峴、
巘、出塵秋雲掩靄劇憐山、水清幽趣冬雪繽紛百丈冰壺
既寒侵手心魄一規玉鑑亦朗照於斜曛則小、見夫暄色林
归餘霞綺散緣敲漁板和声起於沙門還萬盧艇静影

搖乎碧漢鈴叶山僧之唄㡬疑响出芳洲燈通蛋唱之舟翻
說光分翠岏登山極目風清而湖與俱清隔浦同看月煥而
山與並煥以故攜馬釣臺李巫之高風于邇行歌壽寺
鮑氏守之逸事曾酣池濬林巒開星鏡於近浦歸剔希仁窮
蘚苔以留銘出意匠之幽雋入禪窩之淵冥合山水之深邃
寫景光之瓏玲或晚鶴清遊於湖表或昏鵝鴉翔集於山屏
或翔响呼號布餘穀於松巔或午陰搖蕩舞漁雲錦於漁
汀其真勝致之遺而莫能罄以丹青彼夫獅子高峴亦
曾列壺樽於岩巒鳳棲别峰非不留嘯咏於石上然而懸崖

寂寞。既未關夫大觀。峭逕蕭條。孰與極蔭欣賞。而、若、湖、山、者。

湖

靈涵碧。洞。湖以仰照而成。陰。翠瞰清。流。山以倒垂而懸。象。悠

揚酣漁歌。水。調。声遂鶯流。鶯。遞里見鄣舍津。亭。人以指。掌。

既照南。離。還抱西。爽。行且分光湖。潤。擊水三。千。山願得意山。

高。凌雲氣。雨。

工先利器賦 以百工居肆以成其事為韻

惟造物之降材資聖人而制器鈞陶冀有初不閒於負陰抱陽鼓鑄眾形亦何殊於竭能矣智而或功歸無成道率自棄豈皆朽木之不可雕實則世及之未堪試嘗近取諸良工為借觀於列肆原夫知者創物巧者守成冬官紀職工倕擅名或圓規而方矩或繩直而準平日有省也用覘勤惰月有試也必中度程循百物而交修以為生民利賴制五財於並用豈徒意匠經營一壁惟良工知所集益事必權其先後價不吝乎千百一鑪鑄就不須若鄧之銅百鍊鋼成欲擬斷犀

鋼

之客當夫橐囊籥初起炯爍露其英光若復磑礱為胥鋒芒直堪孫易乃拂乃拭勿忘勿疏有精必取無美不儲刮垢磨光將呈能於當境藏鋒養銳先砥礪於平居念鑿枘其堪虞誰操刀而可割快心手之有藉庶游刃乎有餘由是效群力於大匠之門鳴衆巧於白中之市循天時拔地利氣以成能合材美工良而奏技器非求舊焉茲磨厲以須鍘發於新足供臂指之使信取資之獨先豈憑虛其無以則見精光耿耿妙手空空指揮如意運掉成風發異彩於金錫壁珪芒終不頓任推移於琢磨切磋試輒何窮蓋尠極

而巧生何有於雕鏤篆刻此心得而手應所貴乎鬼斧神工彼夫宋斤魯削家列國各有專長越劍鄭刀佳品亦稱出類石可為錯載詠他山之吟玉且以琢曾讀昆吾之記或制鐘而無斁或躍冶而示異皆藏器之精能極制物於工緻苟非得所憑依其器補於善事乃知性之生也不煩神削而自合質之成也必待雕琢之有資運以輸之機巧從心出揮吳剛之斧功由人為奏刀劃然即凡物以作鏡臆見雖情可自吾而得師彼中道之足覘尚如此矣況成德而無藉若之何其

工先利器賦以百工居肆以成其事為韻

盈天地之間者惟萬物足財用之數者在百工大矩大圜雖局於設位不雕不琢利賴何望於通功此凡物所類是亦振古而皆同然而欲成其能先覘厥器無遇虛機謂足善事當夫神行官止孰非摩厲以須其為應手得心全由及鋒而試則惟利而斷金務取精於風者堅而飲羽藉藏器而化居隨彼盤錯任我卷舒尚象而制備及於虛其摶埴也利在陶旊之資其刮摩也利在磬矢之益其攻木也合輪輿梓匠而各奏乃能其攻金也則築冶鳧㮚之司授以隙迎及輒

鮮芒不頓於盈千奏刀而前斲豈傳於累百時乎与物未交則什襲以善藏其用時乎因材而篤則婉轉以聿規厥成粵無鎛燕無函易為其利宋之斤魯之削久矣擅名惟精光先勤於拂拭斯意匠可由以經營試遊五都遍覩列肆或鬬巧而爭奇或誇珍以示異箕裘弓冶謂是世守之良切磋琢磨莫測英華所萃然末事之惟新必多方以求備於斯時也得所藉手不啻常師怵心因劌目蹈矩矩循規揮斤則輕重各適縱奪則左右皆宜衡中水而立中懸嘴啮毀屆兮不屑批大卻而導大窾鑿鋒鎩穎以何其信執變化

有極神於技也而況學修所在道豈遠而蓋視聽言動之則
非逞臆所可求猶齒牙骨角之材惟利器乃足剩恃範金合
土以作礪而程型事資友仁即人而正己凡彼銀鏤琢鐵磨
不益蓄董收屬在勇藝知廉皆堪合長滌美必有本末德成
雖異藝成道無精粗行止昏先作以彼集益之無隱盡熟思
其所以

工先利器賦 以百工居肆以成其事爲韻

生五材者天也制百物者誰欤粤自虞廷共工作命沿及姬禮考工成書蓋利用有權甚爲天下所賴故擇民而處用重官府之書居乃或則舍業而荒或則操技莫試將雕琢以何從等毀壞之見棄亦有智巧匪降材其或殊失所憑依遂貽羞於列肆譬惟良工必先利器趨而左趨而右徒手孰奏不能若若琢若着磨取精務求其備模耶範耶謂無任以私心徑之營之庶不敗乃公事其爲器也往無不利切而有資奏刀以前須知豈硎有刃脫穎而出可忘處囊之

雖彼繩墨之誠陳有取爾也苟鑿枘不相入若之何其則見
代材雖富未斲輪人之三斷金有利先鍊鹿水之百鼓橐籥
於鑪畔青萍同其英光淬鸊鵜於毫端秋水無華茲瑩澤而
於以因方爲珪而於以因圓成璧由是拂拭既久泛應何窮
芒及不頓盤錯皆通衡中水立中懸既得心而應手批大郤
導大窾亦運斤而成風顧亦藏器於身誰云小道久矣及
鋒而試乃稱國工彼夫燕函粵鎛因地氣之使然越劍鄭刀
亦人力之可恃方當怵然爲戒不勝四顧躊躇及其恢乎有
餘一任縱橫張弛因知操觚率爾雖免代斵而傷徒曰作則

因心未務進道之技奈何理所不究誣曾弗思其所以以一誠矐觀於制器即近喻乎性情意匠營經營非不為之由已儀型宛在要必先以是程蓋藏鋒養銳之功形上不異形下刮垢磨光之術藝成可悟德成斯洵乎取益取離聖人所以尚象而況於或事或友賢者所為存誠

# 碧海掣鯨魚賦 以題為韻

就本詩起

有出群之雄姿超凡介於尺澤稽彼族類以鯢為雌溯厥淵
源維海之宅或曰鯤也能化為鵬其至漢時取象於石總之
蕩雲沃日常往來於十島三山雖非呼雨友風亦變化於萬
頃一碧怪矣哉鯨之為魚大亂矣哉瀾之生海茫茫巨壑日
月同浮躍躍雄心晴雨不改氣與蜃樓並幻呵嗽千層眼印
日月之珠光芒百倍渺瀰浩漫既相得而益彰鬱勃離奇恰
中央之宛在忽乎無端遊於罔際神動天隨烏飛逝兔遊
或噴霧以迷空或騰波而作勢摶風將摶茫不知南溟北

濵里則計千何但赤帝白帝斯々實閎中肆外克稱百末之王遂乃激電奔雷兆猶六丁之擊一當其偕若怪以潛藏澤渾噩噩泊手躍九淵而奮出烈々轟々浪皷滄開風雲爲之變色精爍華爍天地助其先穀笑巨鼇之背戴山峯能静而不能動羨神龍之嘘成五色忽止而亦忽行夫是以丞覌其闊大莫九海如魚之樂怪丞於鯨魚一於時漂者涵淹養之有素汪洋澹泊受之以虛鮫宮隱其出没碧落任彼吸嘘動不待乎秋風鱗甲作々（妙）直比於春霆偃仰於々可畏惟威蒲牢之鳴固矣莫知其向龍伯之釣何如乃信尋常爲満安

無驅馳漂雲之境其氾升斗可活不適隨波逐浪之鮒故曰
膏之沃者其光長體之大者其神裕兼收並蓄則含英而咀
華斷港絕潢豈尋章而摘句縱教蘭苕翡翠亦有新鮮
難言渤澥雲居相忘鼓鑄軒然而起憑誰波瀾老成飄乎欲仙
定推龍馬高步此日天才安屈無忘受愛古之心尚當年健
筆猶存請讀淩雲之賦

# 碧海掣鯨魚賦 以題爲韻

天風蕩蕩生紫瀾海水蒼蒼向天拍時掀雪浪莫尋涯涘之鄉中有鯨鯨魚長與汪洋為宅非此族也誰能開彼滄溟得其所哉直欲藐茲空碧斯雄姿之傑出何濤浪以淋漓惟巨壑之包涵足往來而騰擲一遊於十洲極諸四海海龍馬並其精神造化為之直宰微厥千里之勢氣蓋百層擬以尺澤之倫大知幾倍周流海市恆沃日以蕩雲輝映蜃樓儼鏤金而錯采視彼戴山於背更負掉尾而遊游若逢化鵬之鯤定當刮目以待於睦海之百靈秋怪恍惚雖奇鯨則神動天隨廣悍

踔厲或乘濤以出入或順時而睥睨白翻翠浪或舞錦以成章
青磨高高波或排空而作勢為岐海為漲海總名百王右之
玉若狂鯨若奔鯨如為六丁所掣則見掉尾而三山忽度昂首
而莫須吞乎鱗甲動乎秋風異亂三丈之石怒吼起於鮫室
信矣百萬兵之兵朝崑崙而暮孟諸何知秦橋漢柱堆蛟虬
而偃濱渤遑云紫色蛙殼蓋自来覘於海也雉為水而要其
雄於海者必推鯨侶雖魚蝦精光迴出流依珠號明月氣象
直憑崢嶸夫豈等於望洋而嘆更奚有向於向若而驚彼夫
怪怪奇奇者水之為族潑潑剌剌者鱗之於魚然而涸轍則

升斗可活在沼則亦蒲藻相依於孰若蟄之傾瀉百川神出
沒而變化迴狀萬里任呼吸而吹噓排若尋常之溝巨魚
無所還其體遂使逍遙得性跋浪足以避於虛似酌天瓢跨
扶桑而直上試騎金背淩滄溟以自如是故剛風九萬太乙
呈吾士之詩弱水三千天池留漆園之句狀瑰瑋筆為海
以吞鯨想其掀旋海有鯨而作賦吸川則仙飲稱豪撞鐘則
蒲牢所怖凡皆浴日沐浴月隨寶氣而蜿蜒沖漸刮涎涎
吹煙向碧津而縱橫騁鶩惟大氣之盤旋得大力激鼓鑄
當夫胸破萬卷積健為雄庶幾陣掃千軍遊神可遇

泗

九曜石賦以題爲韻

仙湖之右，厥石有九，危形鵠立，不知來自何年，怪影風生，於今傳而不朽。雖則太湖儔至，曾訪劉氏之洲，却看韶連錯生，已辨張君之口。顧方以類聚，大造若誕其奇，況物因人傳，撫摩文非一手，遂使好古之士，別蘚迹以尋幽，攬勝有心，破塵封而搔首。當年海珠寺側，疑隕五石之精，此日學使院中，擬並十鼓之守。豈有神助，倏從海外以飛來，若具化工，獨奮豐叢而出。走固應垂象天際，分光北辰，信哉拔異人間，上燭南斗。爾乃留志乘於五嶺，並傳五羊，餘鼓鑄於

九天遂列九曜錯落其峯玲瓏絶妙峭削四垂清微茅
竅時而蒼顏變化則青赤黒白不異九道分行時而烟雨迷
離則雲夢瀟湘定認九疑繚繞猶餘方岳之四天骨開張衹
城巫嶺之三雲根蓄蔚陥倚今六鼇戴去應作海上神山得派
五丁開來猶認腰間劍韒宜其鎮海陽誇嶺嶠列宿斜輝三
台等耀而何須七十二峰之勝始足探奇三十六洞之幽乃
堪憑眺也詎則見夫烟水騷人玉壺仙客躋險追幽分箋
攜碧流觴作之波漂淨綠之杯絲筆題來字驚鏤鐵之畫
流連砌岸或愛周子之蓮俛仰夢洲或拜米丈之石嗤漢氏

微

之沿沒徒勞煉丹歷宋代而摩挲群賢遺迹當夫遄飛逸
興戲指九老指香山藉以底柱中流還同九官之分職凡此
題詠之多皆與靈奇之脈夫是以污泥潛清清景必積比之
東山七孔倍覺崎空移來潮陽雙旌過茲奇闢彼夫秦人九
色曾誇玉石之多成都三株亦紀石筍之數雖傳聞之異詞非
學士之清趣孰若茲九曜之降則神靈而久且殊遇流霞枕
月經奕世之日恒雨潤而永勿鏽沈刮垢磨光合歷年之指
近儒宗而共深保護謂是落星之彩不忘簡在于帝心抑亦
補天之遺以欽留貽于典故

聖天子教化覃敷。文命遠布。屋壺怪石。平成不遺禹貢之徵。顧茲逸事。黼黻亦資文明之具。此嶺表古蹟之所以爭輝。而亦即帝德光華之所散著也。於是徘徊徙倚。執筆而為之賦。

# 擬張衡週天大象賦 不限韻

閔學基 月課

本一清以定（成）位御六氣以握乾氣積胚渾秉鈞陶於溥徧化
敦太始廓莽蒼而周旋彌布三十六宫四時不忒循環三
百六度萬象高懸盼遲速之異宜先揆璣而察政緬低昂
之中度見躔合與珠聯無臭無聲淵默雖定於窺管相摩
相盪易簡竊擬乎週天寰宇皆星象所布中宫尤紀曆之
原天帝處尊而出氣北極居所以含元勾陳列旁天皇主群
靈之御華蓋蔭下帝座為小寢所存天乙太一既首出庶物
太子庶子六同侍帝闈二樞環乎左右職上宰與少宰兩營

設以衛尉由東藩而西藩立乎巖廊柱史彌縫君過爲之喉舌尚書出納王言六甲則陰陽分掌四輔則師保同尊其爲論道經邦則三公三師偕輔相以丞弼抑或親軍備衛則天倉天棓並陽守而駿奔文昌六星明命諸其收發北斗七宿綱紀藉以吐吞黍稌占八穀之兆賓客歸九舍之門天柱用稽晦朔御女以助蘋蘩內廚天床閑乎寢食牢理陰德濟以恩威是以紫微之一宮首建極於三垣次則座居五帝宮號太微監國重儲嗣太子以朝夕視膳僕從親侍御幸卧以出入弼違位將相於東華西華永固屛藩分執法

徼垣

# 微垣

於左掖。右掖。不没是非。九卿常朝。見和衷之雅度。五侯入覲。課述職於王畿。當夫執華從官。哀烏暨郎將交設。或為嚴兵宿衛。虎賁與常陳齊輝。當宁則內屏掩映。繼離則明堂崔巍。察雲物於靈臺之座。奠險阻於長垣之圻。所以泰階六符。用占太平嘉瑞。即彼少微一座。尤重處士瞻依。至於執政。六名帝座。理宛而歸天紀。燕趙韓魏。既錯壤以交環。齊晉周秦。六分疆而就理。市樓綜乎闤闠。貫索斧乎度軌。七公持國法之平。一侯為耳目所恃。敘玉牒於宗正。人星均屬懿親。實陳寶貨於肆。塲列車屠。並戒選從。或帛或度。

絜長短以區分。為斗為斛。別同異於彼此。禍患恆起。近習宦
者謹其愿。依變故。或出宮闈。女㛤防其汰侈。凡此統国中於
下垣。悁以驗寔實於天市者。乃分列宿於四表。首蒼龍於大
東。角主春生之化。次當進賢之公。貫平道於八達之衢。法驚
惟備夷。天田於二星之内。旱潦為功。平星直踞二陰。政刑於
是乎爭衡。宿高連五柱。釣石由此而崇。祚永周鼎之器。兵嚴
庫樓之工。亢名疏廟。德主經連。頭頏以赦宥與議。折威惟暴
亂之攻。陽門以謹邊塞。大角是省王躬。攝提徵明時月之協。
氐宿乃根本所叢。天乳司潤澤之下沛。招摇指内外於和同。

騎官牽車陣而列衛將軍師国子以從戎騎之者天幡飾駕屹之者梗何秫雄帝庸則嘉賓燕樂无充池則舟楫浮空房駟别為天府鈎鈐謹其牢籠防淫左两咸以為明德麗一日之中從官以巫醫世職罰宿以法令樹風心有中央正色火則天王宸衷積卒起於西南十二文映衛士掌乎寢室

尾宿

五營並充瞻如鈎之得所實為尾之特隆弗無子而克禋居然傳說解所衣於内室偉哉神宮天江之波濤浩淼龜魚則雲雨中融糠雖穀秕簸揚何憂糟粕杵主舂器縱橫逐係餞豐知木德之生化殿教箕於蒼營既左龍而右虎宜由東而

及酉奎為府庫環闕廷而振武或名封豕主溝瀆以治畦辨

黃明於司空之土肅軍門於南面之韓王良引車傳天使而

執策太僕附路縱閣道以奔騶天囷實芻豢之處婁宿亦

苑囿是稽夾左更與右更職不外於藪牧儲天倉與天庾任

尤切於提攜十二星戾乎天大之守五九穀重以河胃之饋

大

豐年則天船所載囷廩皆足歲儉歲則芻藁之下詹積難有

所為蓄天苑於旄頭之舍夫且鎮天陰於礪石之倪為月為河

既

探源而象后若談若舌宜開隱而石揃滂沱離畢穿車每

嘗歌

憂旅漸感池並天園為甓息天高假附耳以下睨列參旗之

睨

已上西方白虎七宿奎婁胃昴畢觜參也

九旒指麾如意連五車於三柱控制交擕閨街均當要道備
節用遍信圭觀諸王之來覲覿識九州之莫睽揆旅主乎虎
首鼎足峙彼觜觽坐旗别君臣之等司怪災祥之迷參星帶
伐忠孝斯復玉井軍井原隨在而具足天矢天廁斯懸象之
最低由此而南井為天罇水衡酌天罇於日用鉞伺淫像專
就斷於貪婪得失陰陽五侯並察江淮河濟四瀆昏含三
水連踦循幽延而流瀉兩河澎湃望南北以泓涵弧矢臨天
狼之腦軍市來野鷄之談丈人老人羨彼壽於安極子也
孫也想其衆之耳堪祀事向諸鬼宿積尸象字神參外廚

以供廟祭烽爟用預狼貪天社為勾龍之精氣天紀徵鳥
獸之數覃施雨行雲草木群柳資柳蔭享蒸宴儉歡食時
餘酒甘星為鳥頸文明洞儀輝映位當柳下屈曲翠色鬖髮
軒轅掖御女宮上彌稷相秘內平以如騶天廚賣責張守鶉
客之政令明堂御史下臨天廟之幽龕欣看文籍光昌翼為
天子樂府長占靈夷賓服甌寶門戶負擔兩轄分爭軫旁王
侯所由牽犀長沙專手存數軍命於此發預探器府重重列
工肆以潛獻軍內翼翼對青邱邱而遙戡自是而北則黑
帝之精靈龜潛匿興賢授爵懸廟斗以徵斟造輅設旌

已上南方朱鳥七宿井鬼柳星張翼軫如

望建星而是式天弁司雅製以居尊人海深灌陝於賓寶穡
啓天籥兮惟明祉狗國兮尚里農叟娘稼以農豐亨天雞候
明時而嚴飭狗吠守以防奸徼貫索而俱逼牽牛則主關
梁織女須嫺婦德御輦道兮徜徉登漸臺兮絶特天桴河鼓
迭成穀左旗右旗互設色修坎道於溝渠開羅堰於壅塞
扶筐則婺女攸司方野則甸侯列域奚仲即車正之官天津
乃飛渡之翼社飽依以而敗獻離珠而靡忒哭泣雖展於星
虛梁危常關手典則但使輦與天壘並堅豈叱僨而離瑜
不飾蒼蒼着自有命存凜凜乎無界非抑危為蓋屋之形南

分梁墓之職人星胎乎貞元車府工於羈勒是用天鉤奔輿遂遂命造父憑軾試看杵臼所有事載占天錢之不測營室為清廟所藏離宮乃別館之閣在壘則天綱縱橫講武則壁陣斬崩八魁虎視東南三鈇節鎮南北備非常於羽林軍中謹修築於土功公吏側雷電所以鳴春師門於馬前歷螣蛇屈曲於河濱圖書繽紛於東壁潤澤沛自雨雲威光行於霹靂校人快天廄之圓黃馬牛仰鈇鑕為蕃息綜列宿之昭回合越冥而已極若夫四時迭運五星遞纏時當春育木為歲星羨次所居之有福騖失次其不寧當夏曰可

已上北方玄武七宿斗牛女虛危室壁也

畏則熒火呈形芒角無敢搖動風伯定於丙丁因仁言而退匿主兵革之威靈金星位乎太白附日象彼流熒靜躁高卑嚴紀律於斧鉞遲速見伏疾法合於雷霆辰星在北方水德居寬寒暑著豈容失節出入厥有定型蓋壬癸之日主智而官體之司爲聽至於審歷斗之會用以察歲填之扃（填星即土星）仁義禮智以信爲本視聽貌言惟心常惺其德安敢既週天而獨久其性舒重實寄旺而不停

已上金木水火土五星也

聖天子握泰符敷巽令調玉燭攬金鏡兩大與參四時爲柄日月並其照臨星象協於順應合分至啟閉而無差挾鳥大

虛昴昴而布陳以故春溫秋肅四序同歸太和畢雨箕風萬方悉就性命是用擬厥度程攄序歌誦聊披劂之寸心妄擬議於先正

雜联

虎榜先登當丙歲鰲頭獨占狀元郎

雄心還擬歌三箭勇略先堪冠一軍

雁塔題名今第一龍門躍鯉此無雙

天門初放群英榜嶺海爭傳傳玉名

祇今宿衛丹墀裡長此報名鳳郭西

他年霹靂報威遠皆風雷變化高

鶺鴒自有橫雲翮領袖先觀積木才

蒙帝澤雲梯先步荷天祐桂林一枝

盛世元音

翼若垂雲鵬之飛也美里風高鷙鳥鶚獨薦於三秋
当皇極之垂光泰運得巨鰲而首冠蓬山
廷対唱名鄭僑陞雲梯而直上啟榜告捷丁序趙說駱以居前
利見值飛龍居龍選而奪標歡得錦卓尔占先
體天地生成之心祇此杏睟蒲歲時陸閭宵旰
為國家積貯所須但敬耕三餘九梓字仍待催科
社歲期於逢年惟憑帝力帝前所陳印以經國當思民力普存
庶富於民先種食之供有賦公答心勞
賦斂優游覘粟歲饒動典領貴通才

鑿井與和歸帝力三農課畢足倉儲
富國富民原一本省耕省斂即三餘
言采其芹怪好書杉泮水聿修厥德報餘慶以秋霜
仍天乞擲着此日雲梯看步武歌且舞是送來神睦和報
泮水香生流澤遠嶺梅花發占春先
陽春曲奏陽春月白雪時和白雪歌
人心有鏡觀前古世事浮雲卷太空
律中黃鐘開風吹報讚白雪獻葵誠
仙耶佛耶須知神明原在心裡歌之舞之送來道理不外眼前

四序生成資大德○千門蹈舞荐和馥○

虞饗已值嘉平日清歌猶留太古風

滄海奇珍归智计○慈帆擁護贊天恩○

壽育萬天匯景命○陽春曲答神庥○

萬里祥光屡兆静○一天清境海波恬○

歲稔人知丁愛日○空迎慈母奏卿風○

女德亞慈天有后○慈帆普濟海無波○

盛世和馥留擊壤○梨園雅奏對陽秋○

恭臣祥會貌可印○財恒足左右逢○

佈滿丹墀○七星宵

朗勝宸極○

香荐武當○

歌賡華祝○百品晨

礼门義路○先民矩矱○芝茅玉樹○感世菁華○

雲蒸鼎彝○坐多古色○日長花竹○地匝新陰○

丹桂碧桃○和春秋實○蒼松翠柏○見天地心○

平昭能極○安昭無傾○於此見聖神功化之大○

崇以脩礼○習以觀法○用是与葵藿悃忱互宣○

歲晚覺清歌○雪梅花乙先湖嶺上○神功錫盤祉○合風里分世慶恩光○

道協周禹○三郡永賴○法施普也○百世揚休○

祼富侔陶朱○乘風破浪○可以護更深溟海○

瑤館歡聲○袖裊玉鳴○金絃歌用顯躍靈○

繫地陰於苞桑法戚代恭奚喜嘉賓卓犖
迹天漾漾波瀾金報玉振為同洛陽清歌
法合於夷南極與南山並壽
柄指在未土功作土鼓斧宜
星向古古人占壽耇
法運大地普恩施

根木遍雲報報徹翔鶯舞風色色新
立志不隨時俯仰持身宜向古人追
生平有願踐難了幸分底處缺尚多
常將性命還天地則居襟懷契古今
士曷貴乎惟居品家益負也當多書

怡怡最爱春风拂。盛德惟将古道親。

源因远到生群瑞。福及後昆見積慶。

義勇尉三第。一日威名。猛虎忠肝緣事。

安乐归後。主先帝位。鄉長留勤賊难心。

律中黄鍾天。已。見。報讲白雪曲。讴高。

河海方当清晏日。笙歌喜奏凤凰音。

力到回天資聖德。忻欣藿藉梨觴。

三代闹源家積慶。六經根柢華生花。

歌康唱四壽聖明。頌葵忱敬薦梨觴。

浪飛千尺鯤可化。氣動三春杏正開。
丹山彩风翔千仞。碧海神龍躍九天。
粵嶠桂高先奏凱。長安春晚報泥金。
且看騰輝五嶺。何殊袁子一經。
奕世傳芳崇正學。一經得力射荀卿。
风鳴风嶺。數十傳祖法宗功。於斯一振。
桂飄桂林。奕葉載歌繩子繼。由此長開。
懷先人道接紫陽。名崇理學。僅此桂高廉鳴。敢語繩其祖武。
念我芳彰出負耒。暮入橫經。顧爾甲科射策。亦足勵乃後昆。

已下俱挽联

南山霧海風翁爻媳摇会看羽儀輝四國
秦人箏捨客謳金和玉節試聽雅韵徹九霄

五倫外無道六經外無文四書外無學

聖賢要立志貧賤要立品富貴要立身

冰而霜貞五十載習蓼擷茶爭光奚啻日月
徽堪不朽七旬餘蒼松翠柏英蔭定庇孫祊

之死矢靡他一片精心宝婺光空随月晓
苦節当不負七十高壽蟠桃實也嘆風摧

婺宿星光題母節瑤池仙使引去驂

横　閫型宛在

匾　冰雪長輝

壼法長存

睹鹤双临仙子驭，生刍一束感生哀。

云掩婺星含子雨，风摧溪竹起空烟。

不堪此日梅兰节，犹记当年刀尺教。

思深裙布荆钗日，泪洒术羡艾经时。

他年稽甚居乡法，此日悽孙教子经。

祇羡古心又古貌，忽惊空月照空枫。

山外白云迷远近，其中皎鹤怅沉深。

戏綵堂前空卧地，循陔字里寄伤心。

瑶坛已问还真灵，玉板终归福帝年。

乘騾應作芙蓉主。控鶴還參緱嶺笙。
福倫貫疇無遠恨。法垂燕翼有餘徽。
應參碧落侍郎座。前訪曲江宰相家。
麻裘已逢太山壽。雲軿還催造化遊。
上壽維祺期遐福祉。清都另客是神仙。
錫祉方賡松柏句。誦詩乍感蓼莪篇。
雲掩岵山含宿雨。風飄棲樹起空霜。
清風朗月生平事。乘鯉茹芝羽化年。
南極星光隕。西銘手澤存。

猛氣終当懸日月。痛心何要泣風雲。

当年銳志曾吞敵。此日驚心欲斷腸。

三捷奇功前丙歲。中身効死报元年。

功名從今归勇烈。成敗何足論英雄。

英魂已自遊返省。玉痛何堪入哭報。

馬上致身勤百戰。黔中授命足千秋。

正義恩綸先賜眷。旋驚古貌喪儀型。

杖履陪遊追昔歎。幽冥永隔痛今朝。

杖藜無復屐公庭。戲綵長令孝子悲。

落日已簪杜老句。傳雲空只狄公思。

問禮誰操几杖。修文終已作英靈。

殊度只碑誄不愧。今歲來鶴驚嗟何年。

一慟葛公沈睡日。從今桑子反真時。

奉撥靈椿春還去。神留貝尾影長新。

此日吹塤傷玉友。他年跨灶注麟兒。

壯志凌雲嗟入夢。遊蹤落月冷招魂。

高情愛結金蘭契。吟詠繼將玉樹摧。

鄴子詒卯。功名再擅五經之一。夢齡錫祉。年壽遐登九秩而三。

自呂文章貽後進。從無心可愧前賢。
自昔曾言真氣節。於今已作古先生。
經綸定見光泉壤。蘭玉先看耀里門。
厖眉猶憶華堂下。玉屑空餘講席前。
天上合將仙籍列。生前原當古人看。
三礼治家。五經傳世。百年種法。四代承顏。
風神徑以倚安石。眉宇那堪憶紫芝。
天上少微驚石隕。人間子敬隱琴亡。